하루 15분 국어 독해력의 기틀을 다지는

뿌리깊은 초등국어 독해력

1 단계

초판 28쇄 발행일 2024년 8월 26일 **발행처** (주)마더텅 **발행인** 문숙영

책임편집 임경진 **진행** 남희정, 정반석

집필 구주영 선생님(당동초), 김태호 선생님, 신명우 선생님(서울교대부초), 오보람 선생님(은천초), 최성훈 선생님(울산 내황초), 서혜림 선생님, 박지애, 문성준, 김영광, 허주희, 김수진, 김미래, 오은화, 정소현, 신은진, 김하늘, 임일환, 이경은, 박성수, 김진희, 이다경, 김다애, 장지훈, 마더텅 초등국어 편집부

해설집필 · 감수 김태호 선생님, 신명우 선생님(서울교대부초), 김지남 선생님(서울교대부초), 최성훈 선생님(울산 내황초)

교정 백신희, 안예지, 이복기 **베타테스트** 홍세영, 이정건, 임성현, 한재웅, 한지수, 양영은, 김윤서, 이동주, 김세은, 강다연, 이금비, 김채이, 문동하, 고서영, 고범서 **삽화** 김미은, 김복화, 서희주, 이효인, 장인옥, 지효진, 최준규, 이종관

디자인 김연실, 양은선 **컷** 이혜승, 김유리, 양은선 **인디자인편집** 박수경

제작 이주영 **주소** 서울시 금천구 가마산로 96, 708호 **등록번호** 제1-2423호(1999년 1월 8일)

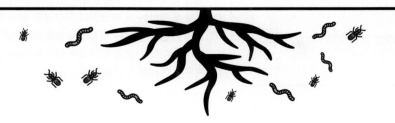

이 책의 구성

구성 1 주간학습계획표

해당 회차를
어떻게 공부하면 좋을지
설명해두었습니다.
학습 전에
꼭 읽어보세요.

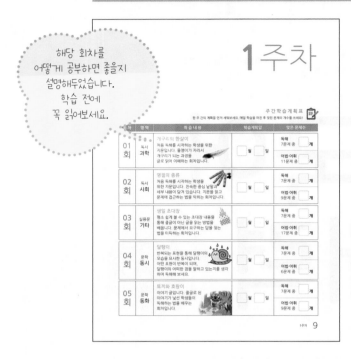

<뿌리깊은 초등국어 독해력>은 공부할 내용을
주 단위로 묶었습니다.
'주간학습계획표'는 한 주 동안 공부할 내용을
미리 살펴보고, 학생 스스로 계획을 세울 수 있도록
도와줄 것입니다.

구성 2 독해 지문

글의 내용과 관련된
사진이나 삽화가
수록되어 있어요.
독해가 어려우면
그림을 보고 내용을
미리 짐작해보아요.

지문 아래에
어려운 낱말을 모아서
뜻을 풀이했어요.
사전을 따로
안 찾아도 돼요.

<뿌리깊은 초등국어 독해력>에는 다양한 글감과
여러 가지 형식의 글이 실려 있습니다. 글의 길이와
어휘의 난이도를 고려해 1회차부터 40회차까지
점점 어려워지도록 엮었습니다. 그리고 지문마다
글을 독해하는 데 학생들이 거부감을 줄일 수 있도록
글의 내용과 관련된 사진이나 삽화를 수록했습니다.
여기에 따로 사전을 찾아보지 않도록 '어려운 낱말'을
지문의 아래에 두었습니다.

해설지를 빠르게 찾아갈 수 있게 '찾아가기' 날개가 달려 있어요.

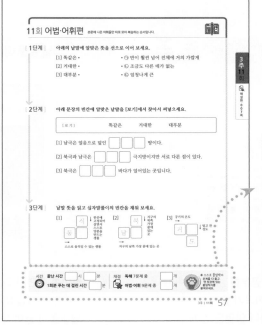

〈뿌리깊은 초등국어 독해력〉에서 독해 문제는
모두 7문제가 출제됩니다. 중심생각을 묻는 문제부터
세부내용, 그리고 글의 내용을 응용해야 풀 수 있는
추론 문제까지 이어지도록 문제를 배치했습니다.
이러한 구성의 문제를 풀다 보면 먼저 숲을 보고
점차 나무에서 심지어 작은 풀까지 보는 방법으로
자연스레 글을 읽게 될 것입니다.

국어 독해력을 기르는 데 필요한 것은 무엇보다
배경지식입니다. 배경지식을 알고 읽는 글과
그렇지 않은 글에 대한 이해도는 하늘과 땅 차이입니다.
〈뿌리깊은 초등국어 독해력〉에는 해당 회차의
지문과 관련된 내용이면서 학생들의 배경지식을 넓히는 데
도움이 될 만한 글들이 곳곳에 자리하고 있습니다.

구성 5 어법·어휘편

〈뿌리깊은 초등국어 독해력〉에는
어휘·어법만을 따로 복습할 수 있는
별도의 쪽이 회차마다 들어있습니다.
마치 영어 독해 공부를 하듯 해당 회차
지문에서 어렵거나 꼭 알아두어야 할
낱말들만 따로 선정해 확인하는 순서입니다.
총 3단계로 이뤄져 있습니다. 1,2단계는
해당 회차 지문에서 나온 낱말을 공부하고,
3단계에서는 어휘 또는 어법을 확장하여
공부할 수 있습니다.

구성 6 학습결과 점검판

한 회를 마칠 때마다 걸린 시간 및
맞힌 문제의 개수, 그리고 '평가 붙임딱지'를
붙일 수 있는 (자기주도평가)란이 있습니다.
모든 공부를 다 마친 후 스스로 그 결과를
기록함으로써 학생은 그날의 공부를
다시 한 번 되짚어볼 수 있습니다.
그리고 하나하나 성취해가는
기쁨도 느낄 수 있습니다.

구성 7 다양한 주간 부록

바른 언어 생활 알아보기

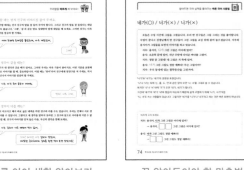
꼭 알아두어야 할 맞춤법

독해에 도움 되는 배경지식

알아두면 도움 되는 관용 표현

〈뿌리깊은 초등국어 독해력〉에는 주마다 독해에 도움이 될 만한 다양한 부록이 실려 있습니다. 독해에 도움이 될 만한 배경지식부터, 독해력을 길러주는 한자까지 다양한 주제와 이야기로 구성되어 있습니다.

구성 8 정답과 해설

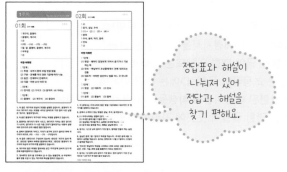

정답표와 해설이
나뉘져 있어
정답과 해설을
찾기 편해요.

〈뿌리깊은 초등국어 독해력〉은 정답뿐만 아니라 문제를 이해할 수 있도록 도와주는 해설도 수록되어 있습니다. 빠르게 정답을 확인할 수 있도록 정답표와 해설을 깔끔하게 분리했습니다.

구성 9 유형별 분석표

〈뿌리깊은 초등국어 독해력〉은 유형별 분석표와 그에 따른 문제 유형별 해설도 실었습니다. 학생이 해당 회차를 마칠 때마다 틀린 문제의 번호에 표시를 해두면, 나중에 학생이 어떤 유형의 문제를 어려워하는지 알 수 있게 됩니다.

계속 표시해 나가면
부족한 부분을
한눈에
알 수 있어요.

구성 10 독해력 나무 기르기

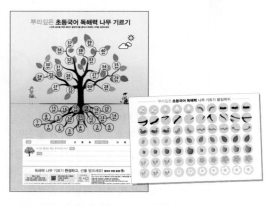

〈뿌리깊은 초등국어 독해력〉은 학생이 공부한 진도를 확인할 수 있도록 '독해력 나무 기르기'를 부록으로 실었습니다. 회차를 마칠 때마다 알맞은 칸에 어울리는 붙임딱지를 붙여서 독해력 나무를 완성해 보세요.

구성 11 낱말풀이 놀이

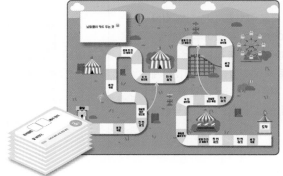

놀이를 하면서 그동안 공부했던 낱말을 재미있게 복습할 수 있도록 교재 뒷부분에 부록으로 '낱말풀이 놀이'를 실었습니다. 카드 수수께끼를 풀면서 말을 움직이는 보드게임입니다.

뿌리깊은 초등국어 독해력에 수록된
전체 글의 종류와 글감

비문학(독서)

	국어	사회/역사	과학		기타
설명문	31회_142쪽 구름의 이름	교과연계 02회_14쪽 명절의 종류 가을1-2 2.현규의 추석	교과연계 01회_10쪽 개구리의 한살이 초등과학3-2 2.동물의 생활	교과연계 11회_54쪽 남극과 북극 초등사회6-2 1.세계 여러 지역의 자연과 문화	07회_36쪽 이가 아파요
		06회_32쪽 병원의 종류	교과연계 17회_80쪽 나는 누구일까요? 초등과학3-2 2.동물의 생활		교과연계 21회_98쪽 콩나물 키우기 초등과학4-1 3.식물의 한살이
		교과연계 27회_124쪽 의사소통 수단 초등사회3-1 3.교통과 통신 수단의 변화	교과연계 22회_102쪽 무당벌레 초등과학3-2 2.동물의 생활	교과연계 36회_164쪽 개미 왕국 초등과학3-2 2.동물의 생활	
논설문	38회_172쪽 손을 내밀어 봐요	교과연계 12회_58쪽 자연보호 초등사회5-1 1.국토와 우리 생활			23회_106쪽 운동을 하자
실용문	교과연계 13회_62쪽 코끼리 열차 초등국어3-1 5.중요한 내용을 적어요	18회_84쪽 반려견 주의	교과연계 33회_150쪽 논 체험 교실 초등과학4-2 1.식물의 생활		03회_18쪽 생일 초대장
전기문	26회_120쪽 방정환	37회_168쪽 마더 테레사			
편지글		교과연계 08회_40쪽 층간소음 초등국어2-1 5.낱말을 바르고 정확하게 써요			교과연계 28회_128쪽 이모의 편지 초등국어2-1 5.낱말을 바르고 정확하게 써요
기타	교과연계 16회_76쪽 자기소개 초등국어1-1 5.다정하게 인사해요	32회_146쪽 춘천 기행문			

문학

동시	교과서 04회_22쪽 달팽이 초등국어활동1-2	교과서 09회_44쪽 딱지 따먹기 초등국어2-1 1.시를 즐겨요 (2017개정)	교과서 19회_88쪽 그만됐다 초등국어1-2 (2014개정)	24회_110쪽 포도나무	34회_15쪽 포도알	
동화	교과서 05회_26쪽 토끼와 호랑이 초등국어 (2005개정)	10회_48쪽 고양이 목에 방울 달기	15회_70쪽 곰과 두 친구	20회_92쪽 등불을 든 사람	25회_114쪽 바지가 짧아진 까닭	30회_136쪽 황소와 도깨비
	교과서 35회_158쪽 넌 멋쟁이야! 초등국어활동2-1 6.차례대로 말해요 (2014개정)	교과서 40회_180쪽 은혜 갚은 까마귀 초등국어4-1 5. 내가 만든 이야기				
기타	14회_66쪽 솜사탕 (동요)	29회_132쪽 나비야	39회_176쪽 피노키오 (연극)			

뿌리깊은 초등국어 독해력 목차

스스로 붙임딱지 **활용법**

공부를 마치면 아래 보기를 참고해 알맞은 붙임딱지를 '학습결과 점검표'에 붙이세요. ※붙임딱지는 마지막 장에 있습니다.

다 풀고 나서 스스로 대단하다는 생각이 들었을 때	열심히 풀었지만 어려운 문제가 있었을 때	오늘 읽은 글이 재미있었을 때	스스로 공부를 시작하고 끝까지 마쳤을 때
• 정답 수 : 5개 이상 • 걸린 시간 : 10분 이하	• 정답 수 : 4개 이하 • 걸린 시간 : 20분 이상	• 내용이 어려웠지만 점수와 상관없이 학생이 재미있게 학습했다면	• 학생이 스스로 먼저 오늘 할 공부를 시작하고 끝까지 했다면

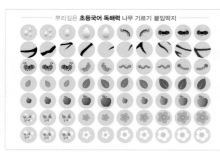

독해력 나무 기르기 **붙임딱지 활용법**

공부를 마치면 아래 설명을 참고해 알맞은 붙임딱지를 '독해력 나무 기르기'에 붙이세요. 나무를 완성해 가면서 끝까지 공부를 했다는 성취감을 느껴 보세요.
※독해력 나무 기르기는 뒤표지 안쪽에 있습니다.

❶ 그날 학습을 마쳤을 때, 학습을 한 회차 칸에 어울리는 붙임딱지를 자유롭게 붙이세요.
❷ 첫째~셋째 줄까지는 뿌리 부분(1~20일차)에 붙이는 붙임딱지입니다. 뿌리 모양 붙임딱지는 뿌리 끝의 모양에 맞춰서 붙여 보세요.
❸ 넷째~일곱째 줄까지는 나무 부분(21~40일차)에 붙이는 붙임딱지입니다.

2025 The 5th Mothertongue Scholarship for TOP Elementary School Students

2025 마더텅 제5기 초등학교 성적 우수 장학생 모집

2025년 저희 교재로 열심히 공부해 주신 분들께 장학금을 드립니다!

대상 30만 원 / 금상 10만 원 / 은상 3만 원

지원 자격 및 장학금 초1 ~ 초6

지원 과목 국어/영어/한자 중 1과목 이상 지원 가능 ※여러 과목 지원 시 가산점이 부여됩니다.

성적 기준
아래 2가지 항목 중 1개 이상의 조건에 해당하면 지원 가능
① 2024년 2학기 혹은 2025년 1학기 초등학교 생활통지표 등 학교에서 배부한 학업성취도를 확인할 수 있는 서류
② 2024년 7월~2025년 6월 시행 초등학생 대상 국어/영어/한자 해당 인증시험 성적표
책과함께 KBS한국어능력시험, J-ToKL, 전국영어학력경시대회, G-TELP Jr., TOEFL Jr., TOEIC Bridge, TOSEL, 한자능력검정시험(한국어문회, 대한검정회, 한자교육진흥회 주관)

위 조건에 해당한다면 마더텅 초등 교재로 공부하면서 느낀 점과 공부 방법, 학업 성취, 성적 변화 등에 관한 자신만의 수기를 작성해서 마더텅으로 보내 주세요. 우수한 글을 보내 주신 분들께 수기 공모 장학금을 드립니다!

응모 대상 마더텅 초등 교재들로 공부한 초1~초6

뿌리깊은 초등국어 독해력, 뿌리깊은 초등국어 독해력 어휘편, 뿌리깊은 초등국어 독해력 한국사, 뿌리깊은 초등국어 한자, 초등영문법 3800제, 초등영문법 777, 초등교과서 영단어 2400, 초등영어 받아쓰기·듣기 10회 모의고사, 비주얼파닉스 Visual Phonics, 중학영문법 3800제 스타터 및 기타 마더텅 초등 교재 중 1권 이상으로 신청 가능

응모 방법

① 마더텅 홈페이지 이벤트 게시판에 접속
② [2025 마더텅 초등학교 장학생 선발] 클릭 후 [2025 마더텅 초등학교 장학생 지원서 양식]을 다운
③ [2025 마더텅 초등학교 장학생 지원서 양식] 작성 후 메일(mothert.marketing@gmail.com)로 발송

접수 기한 2025년 7월 31일 　　 수상자 발표일 2025년 8월 12일 　　 장학금 수여일 2025년 9월 10일

1주차

한 주 간의 계획을 먼저 세워보세요. 매일 학습을 마친 후 맞힌 문제의 개수를 쓰세요!

회 차	영 역	학 습 내 용	학습계획일	맞은 문제수
01회	독서 과학	**개구리의 한살이** 처음 독해를 시작하는 학생을 위한 지문입니다. 올챙이가 자라서 개구리가 되는 과정을 글로 읽어 이해하는 회차입니다.	월 일	**독해** 7문제 중 ☐ 개 **어법·어휘** 11문제 중 ☐ 개
02회	독서 사회	**명절의 종류** 처음 독해를 시작하는 학생을 위한 지문입니다. 친숙한 중심 낱말과 세부 내용이 담겨 있습니다. 지문을 읽고 문제에 접근하는 법을 익히는 회차입니다.	월 일	**독해** 7문제 중 ☐ 개 **어법·어휘** 9문제 중 ☐ 개
03회	실용문 기타	**생일 초대장** 평소 쉽게 볼 수 있는 초대장 내용을 통해 줄글이 아닌 글을 읽는 방법을 배웁니다. 문제에서 요구하는 답을 찾는 법을 터득하는 회차입니다.	월 일	**독해** 7문제 중 ☐ 개 **어법·어휘** 17문제 중 ☐ 개
04회	문학 동시	**달팽이** 반복되는 표현을 통해 달팽이의 모습을 묘사한 동시입니다. 어떤 표현이 반복이 되며, 달팽이의 어떠한 점을 말하고 있는지를 생각하며 독해해 보세요.	월 일	**독해** 7문제 중 ☐ 개 **어법·어휘** 6문제 중 ☐ 개
05회	문학 동화	**토끼와 호랑이** 이야기 글입니다. 줄글로 된 이야기가 낯선 학생들이 독해하는 법을 배우는 회차입니다.	월 일	**독해** 7문제 중 ☐ 개 **어법·어휘** 9문제 중 ☐ 개

01회

독서 | 설명문 | 관련교과 : 초등과학 3-2 2.동물의 생활

공부한 날   월   일

시작 시간   시   분

독해력 1단계 01회

▲ QR코드를 찍으면
지문 읽기를 들을 수 있어요

㉠ 개구리는 물이 흐르지 않는 논이나 웅덩이 같은 곳에 알을 낳습니다. 알은 **투명한**^① 젤리처럼 생긴 우무질로 감싸져 있습니다. 그래서 만지면 미끌미끌합니다.

㉡ 2주 정도가 지나면 알에서 올챙이가 나옵니다. 올챙이는 눈과 입을 가지고 있습니다. 하지만 올챙이의 머리와 배는 잘 **구분**^②되지 않습니다. ㉢ 물속에서만 사는 올챙이는 꼬리를 움직여 헤엄칩니다.

꼬리만 있는 올챙이가 개구리로 자라기 위해서는 다리가 나와야 합니다. ㉣ 올챙이는 뒷다리가 먼저 나옵니다. 그리고 뒷다리가 자라는 동안 앞다리가 나옵니다. 앞다리가 다 나온 다음 꼬리가 짧아지면서 우리가 알고 있는 개구리의 모습이 됩니다. ㉤ 개구리가 되면 물과 땅을 오가며 살 수 있게 됩니다.

↑ 뒷다리만 나온 올챙이의 모습

↑ 아직 꼬리가 있는 개구리의 모습

1

중심
생각

[보기] 중 이 글에서 가장 많이 나온 낱말 두 개를 찾아보세요.

[보 기]	개구리	웅덩이	올챙이	뒷다리	앞다리

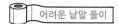 어려운 낱말 풀이

① **투명한** 속까지 환히 보일 만큼 맑은 透통할 투 明밝을 명-

② **구분** 전체를 미리 정한 기준에 따라 나누는 것 區구역 구 分나눌 분

2
중심
생각

이 글에서 가장 많이 나온 낱말 두 개를 써서 이 글의 제목을 만들어 보세요.

□□□ 가 □□□ 로 자라는 과정 ①

3
세부
내용

이 글의 내용과 다른 것을 고르세요. ────────── [   ]

① 개구리의 알은 미끌미끌하다.
② 2주 정도가 지나면 알에서 올챙이가 나온다.
③ 올챙이는 물속에서만 살 수 있다.
④ 꼬리가 먼저 짧아진 다음 앞다리와 뒷다리가 나온다.
⑤ 개구리가 되면 물과 땅을 오가며 살 수 있다.

4
세부
내용

올챙이가 개구리로 변하는 과정에 맞게 순서를 적어 보세요.

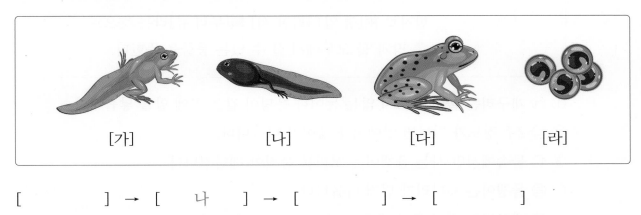

[가]   [나]   [다]   [라]

[   ] → [나   ] → [   ] → [   ]

5
구조
알기

아래 표의 빈칸을 채워 이 글을 정리해 보세요.

1문단	개구리 □ 의 특징

2문단	□ 에서 **부화**한 □□□ 의 특징 ②

3문단	□□□ 가 □□□ 의 모습이 되기까지

 어려운 낱말 풀이

① **과정** 일이 되어가는 순서 過지날 과 程길 정
② **부화** 알에서 새끼가 밖으로 나오는 것 孵알 깔 부 化될 화

6 개구리의 알이 미끌미끌한 까닭은 무엇인가요?

내용
적용

개구리의 알은 투명한 젤리처럼 생긴 ☐☐☐ 에

감싸져 있기 때문입니다.

---

7 개구리는 양서류에 속합니다. 개구리가 양서류에 속하는 까닭에 대해 이 글에서 설명한 내

추론 용이 무엇인지 고르세요. ··· [   ]

> [보 기]   **양서류**
>
> 어류와 파충류의 중간에 위치한 동물의 종류.
>
> 한자로 兩[둘 양] 棲[살 서] 類[무리 류]라는 뜻으로
> 땅과 물 모두에서 살 수 있는 동물을 뜻한다.

① ㉠ 개구리는 물이 흐르지 않는 논이나 웅덩이 같은 곳에 알을 낳습니다.

② ㉡ 2주 정도가 지나면 알에서 올챙이가 나옵니다.

③ ㉢ 물속에서만 사는 올챙이는 꼬리를 움직여 헤엄칩니다.

④ ㉣ 올챙이는 뒷다리가 먼저 나옵니다.

⑤ ㉤ 개구리가 되면 물과 땅을 오가며 살 수 있게 됩니다.

배경지식 더하기

↑ 우무질로 감싸여 있는 개구리의 알

우무질이 뭐죠?

우무질은 '우무'와 같은 성질을 가진 것을 말해요.
우무는 '우뭇가사리'를 끓여 묵처럼 만든 음식인데요.
투명하고 탱글탱글한 것이 꼭 젤리처럼 생겼어요.
옆의 사진을 볼까요? 우무질로 싸여 있는 개구리의 알이에요.
우무질은 차가운 물로부터 알을 따뜻하게 지켜줘요.
또 물속에 있는 돌에 부딪혀도 끄떡없게 알을 지켜준답니다.

01회 어법·어휘편 <small>본문에 나온 어휘들만 따로 모아 복습하는 순서입니다.</small>

해설편 002쪽

[1단계] 아래의 낱말에 알맞은 뜻을 선으로 이어 보세요.

[1] 투명 •

[2] 구분 •

[3] 동안 •

[4] 다음 •

• ㉠ 전체를 미리 정한 기준에 따라 나눔

• ㉡ 언제부터 언제까지

• ㉢ 속까지 환히 보일 만큼 맑음

• ㉣ 이번 순서 바로 뒤

[2단계] 아래 문장의 빈칸에 알맞은 낱말을 [보기]에서 찾아서 써넣으세요.

[보기]   가지고   만지면   움직여   자라는

[1] 개구리의 알은 ☐☐☐ 미끌미끌 합니다.

[2] 올챙이는 눈과 입을 ☐☐☐ 있습니다.

[3] 올챙이는 꼬리를 ☐☐☐ 헤엄칩니다.

[4] 올챙이는 뒷다리가 ☐☐☐ 동안 앞다리가 나옵니다.

[3단계] 다음 그림을 보고 알맞은 모음자를 써 보세요.

> 낱말을 이루는 모음과 자음을 구별할 수 있는지 확인하는 문제입니다.

[1]

[2]

[3]

☐ ☐ ☐
을 챙 이

☐ ☐ ☐
개 구 리

☐ ☐ ☐
웅 덩 이

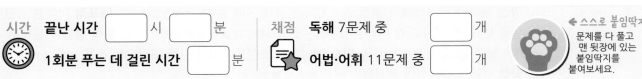

시간 **끝난 시간** ☐시 ☐분   채점 **독해** 7문제 중 ☐개
1회분 푸는 데 걸린 시간 ☐분   **어법·어휘** 11문제 중 ☐개

◀ 스스로 붙임딱지
문제를 다 풀고
맨 뒷장에 있는
붙임딱지를
붙여보세요.

02회

우리나라에는 **명절**①이 참 많습니다. 그 중 **대표적**②인 명절 몇 가지를 살펴보겠습니다. 우선 '설날'이 있습니다. 설날은 **음력**③으로 새해의 첫째 날입니다. 설날에는 가족들이

↑ 윷놀이할 때 쓰이는 윷과 말

모여 떡국을 만들어 먹고 윷놀이 등 **민속**④놀이도 합니다. 또한 웃어른께 세배를 하고 세뱃돈도 받습니다. 다음은 '추석'이 있습니다. 추석 또한 음력으로 날짜를 정합니다. 추석은 음력 8월 15일입니다. 추석에는 가족들과 송편을 빚어 먹습니다. 또한 여러 가지 민속놀이도 합니다. '동지'도 우리나라의 명절입니다. 동지는

양력⑤으로 12월 21일~22일 사이입니다. 동지는 1년 중 낮의 길이가 가장 짧은 날이기 때문에 양력으로 날짜를 정합니다. 그리고 동지에는 팥죽을 만들어 먹습니다.

동지에 먹는 팥죽 ➡

1
중심
생각

무엇에 대해 쓴 글인가요? -- [   ]

① 팥죽

② 민속놀이

③ 음력과 양력

④ 우리나라의 명절

⑤ 명절에 즐겨 입는 옷

🧻 어려운 낱말 풀이

① **명절** 해마다 일정하게 지켜서 즐기거나 기념하는 때 名이름 명 節절기 절 ② **대표적** 어떠한 집단이나 일을 어느 것 하나로 잘 나타낼 수 있는 것 代대신할 대 表겉 표 的과녁 적 ③ **음력** 달을 이용하여 계산하는 날짜 陰응달 음 曆책력 력 ④ **민속** 옛날부터 조상들에게서 전해 내려오는 전통 民백성 민 俗풍속 속 ⑤ **양력** 태양을 이용하여 계산하는 날짜 陽볕 양 曆책력 력

2 이 글에서 소개한 명절을 모두 고르세요.

중심
생각

┌───┐
│ 동지   대보름   단오   설날   추석 │
└───┘

3 글의 내용과 맞는 것에는 ○표, 틀린 것에는 ×표 하세요.

세부
내용

(1) 우리나라는 명절이 별로 없다. ───────────── [   ]

(2) 추석은 음력 8월 15일이다. ───────────── [   ]

(3) 설날에는 송편을 먹는다. ───────────── [   ]

(4) 동지에는 세배를 한다. ───────────── [   ]

4 동지에는 무엇을 만들어 먹나요?

세부
내용

☐☐

5 아래 표의 빈칸을 채워 완성해 보세요.

구조
알기

	설날	☐☐	동지
날짜	음력 1월 1일	☐☐ 8월 15일	양력 12월 21~22일
먹는 음식	☐☐	송편	☐☐

6 옛날부터 조상들에게서 전해 내려오는 전통을 무엇이라고 하나요?

어휘
표현

☐☐

7 이 글을 읽고 친구들이 대화를 나누었습니다. 옳지 <u>않은</u> 말을 하는 친구는 누구인가요?

추론

-- [   ]

① 지혜 : 설날에는 떡국을 먹어야 해.

② 상윤 : 동지는 양력으로 12월이구나.

③ 나은 : 동지는 낮의 길이가 참 길겠구나.

④ 명호 : 설날과 추석에는 민속놀이를 하는구나.

⑤ 지환 : 나도 저번 추석 때 가족들과 송편을 먹었어.

배경지식 더하기

추석에는 강강술래를 한대요.

추석에 우리 조상님들은 강강술래를 했어요.

강강술래는 서로 손을 잡고 커다란 원을 만들어 옆으로 도는 전통놀이입니다. 강강술래를 언제부터 했는지 어른들도 정확히 알진 못해요.

가장 널리 알려진 이야기는 이순신 장군님의 이야기예요.

이순신 장군님은 일본군에게 사람들이 많은 것처럼 보이게 하려고 사람들에게 강강술래를 하게 했대요. 이를 본 일본군은 놀라 도망갔다고 합니다.

02회 어법·어휘편
본문에 나온 어휘들만 따로 모아 복습하는 순서입니다.

[1단계] 아래의 낱말에 알맞은 뜻을 선으로 이어 보세요.

[1] 명절 •   • ㉠ 어떠한 집단이나 일을 어느 것 하나로
                       잘 나타낼 수 있는 것

[2] 민속 •   • ㉡ 해마다 일정하게 지켜서 즐기거나 기념하는 때

[3] 대표적 •   • ㉢ 옛날부터 조상들에게서 전해 내려오는 전통

[2단계] 아래 문장의 빈칸에 알맞은 낱말을 [보기]에서 찾아서 써넣으세요.

[보기]   명절   민속   대표적

[1] ☐☐☐ 에는 설날, 추석, 동지 등이 있습니다.

[2] 우리나라의 ☐☐☐ 인 음식은 김치입니다.

[3] 윷놀이, 제기차기 등은 우리나라의 ☐☐☐ 놀이입니다.

[3단계] 다음 그림을 보고 알맞은 모음자를 써 보세요.

> 낱말을 이루는 모음과 자음을
> 구별할 수 있는지 확인하는 문제입니다.

[1]   [2]   [3]

ㅅ ㅍ   ㅇ ㄴ ㅇ   ㅍ ㅈ
(송편)   (윷놀이)   (팥죽)

시간 끝난 시간 ☐ 시 ☐ 분   채점 독해 7문제 중 ☐ 개   ◀ 스스로 붙임딱지
     1회분 푸는 데 걸린 시간 ☐ 분   어법·어휘 9문제 중 ☐ 개   문제를 다 풀고
                                                          맨 뒷장에 있는
                                                          붙임딱지를
                                                          붙여보세요.

03회

독서 | 실용문

공부한 날 [ ]월 [ ]일
시작 시간 [ ]시 [ ]분

1단계 03회 26쇄
▲ QR코드를 찍으면
지문 읽기를 들을 수 있어요

(가)

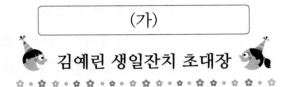

김예린 생일잔치 초대장

1학년 5반 친구들에게

(나)　　　친구들아 안녕? 나 예린이야. 3월 9일은 나의 ㉠ 여덟 번째 생일이야. 나의 생일잔치에 ㉡ 너희들을 **초대**^①하고 싶어. 꼭 와서 축하해 줬으면 ㉢ 좋겠어. 생일잔치에는 맛있는 음식이 준비되어 있을 거야.

일시^②: 3월 9일 토요일 오후 3시

전화번호 : 010-6640-1064

(다)

㉣ 궁금한 게 있거나, 나의 생일잔치에 못 오는 친구들은 꼭 내 ㉤ 전화번호로 **연락**^③을 해 줘. 그럼 모두 3월 9일에 만나자!

(라)

예린이가

(마)

 어려운 낱말 풀이

① **초대** 어떤 모임에 와줄 것을 부탁하는 일 招부를 초 待기다릴 대
② **일시** 날짜와 시간을 함께 이르는 말 日날 일 時때 시
③ **연락** 어떤 사실을 상대방에게 알림 連잇닿을 연 絡이을 락

1 이 글을 쓴 까닭은 무엇인가요? ─────────────────────────── [   ]

세부
내용

① 예린이의 생일을 축하하기 위해서

② 생일잔치의 음식을 주문하기 위해서

③ 생일잔치를 해달라고 어머니께 조르기 위해서

④ 예린이의 생일잔치에 친구들을 초대하기 위해서

⑤ 예린이가 생일잔치를 하지 않기로 했다는 것을 알리기 위해서

2 예린이의 생일은 언제인가요? ──────────────────────────── [   ]

세부
내용

① 3월 8일　　　　② 3월 9일　　　　③ 3월 10일

④ 3월 11일　　　　⑤ 3월 12일

3 초대장을 보고 아래 질문에 알맞은 답을 적어 보세요.

세부
내용

(1) 생일을 맞은 친구의 이름은?　□ □ □

(2) 생일잔치는 무슨 요일에 하나요?　□ □ □

(3) 생일잔치는 몇 시에 하나요?　□ □ □ □

4 초대장의 ㉠~㉤ 중 맞춤법이 잘못된 것은 무엇인지 골라 보세요. ──────── [   ]

어휘
표현

① ㉠ 여덜 번째　　　② ㉡ 너희들　　　③ ㉢ 좋겠어.

④ ㉣ 궁금　　　　　⑤ ㉤ 전화번호

5 초대장에 장소가 빠졌습니다. [보기]에 제시된 내용이 초대장 어디에 들어가면 좋을지 빈칸
(가)~(마) 중 알맞은 곳을 골라 보세요. ──────────────────── [   ]

구조
알기

> [보기]　장소 : 예린이네 집

① (가)　　② (나)　　③ (다)　　④ (라)　　⑤ (마)

6 내용 적용

초대장을 받았지만 생일잔치에 갈 수 없게 되었습니다. 어떻게 해야 할까요?

예린이의 전화로 미리 ☐☐ 을 해서 못 가게 되어서

미안하다고 말해줘야 합니다. 그래야 예린이가

☐☐☐☐ 날에 기다리지 않게 되기 때문입니다.

7 추론

다음은 예린이의 동생인 예정이의 첫 번째 생일의 초대장입니다. 빈칸에 공통으로 들어갈 낱말을 고르세요. ────────────────────────── [   ]

예정이의 돌 ☐☐ 에 초대합니다.

예정이가 드디어 첫 번째 생일을 맞이하게 되었습니다.

그동안 저희 예정이를 아껴주신 많은 분들께 감사드리며

작은 ☐☐ 를 준비하였습니다.

꼭 오셔서 함께 기뻐해 주시기 바랍니다.

① 초대   ② 잔치   ③ 축하
④ 안녕   ⑤ 연락

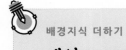

배경지식 더하기

생일 케이크의 유래

대부분의 학자들은 중세 독일에서 생일 케이크가 시작되었다고 해요. 중세 독일에서는 지금처럼 아이들의 생일에 케이크에 초를 꽂고 불을 붙인 다음 축하를 해주었다고 해요. 그것을 독일말로 "킨테 페스테"라고 불렀대요. 그때도 지금처럼 촛불은 단번에 꺼야 했고, 소원은 비밀로 해야 했다고 하네요. 하지만 초를 나이보다 하나 더 꽂았다는 점은 지금과 다르다고 하네요. 하나 더 꽂은 초는 생일을 맞은 아이가 내년까지 건강하길 바라는 마음을 나타낸 것이라고 해요.

03회 어법·어휘편 본문에 나온 어휘들만 따로 모아 복습하는 순서입니다.

해설편 003쪽

[1단계] **아래의 낱말에 알맞은 뜻을 선으로 이어 보세요.**

[1] 초대 •　　• ㉠ 남의 좋은 일을 기뻐하고 즐거워해주는 것

[2] 잔치 •　　• ㉡ 어떤 사실을 상대방에게 알리는 일

[3] 축하 •　　• ㉢ 기쁜 날 음식을 차려놓고 여러 사람이 모여 즐거워 해주는 것

[4] 연락 •　　• ㉣ 어떤 모임에 와줄 것을 부탁하는 일

[2단계] **빈칸에 알맞은 낱말을 [보기]에서 골라 쓰세요.**

[보 기]	초대	잔치	축하	연락

[1] 나의 생일잔치에 너희들을 ☐☐ 하고 싶어.

[2] 못 오는 친구들은 꼭 ☐☐ 을 해 줘.

[3] 사랑하는 동생의 생일을 ☐☐ 합니다.

[3단계] **숫자를 가리키는 순우리말을 알맞게 써 보세요.**

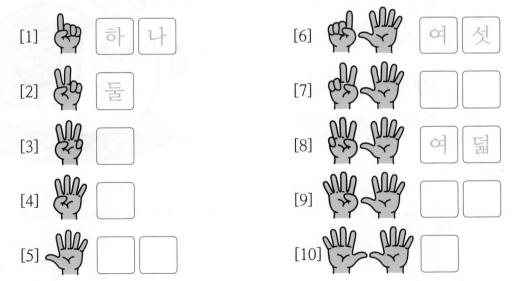

[1] 하 나

[2] 둘

[3] ☐

[4] ☐

[5] ☐ ☐

[6] 여 섯

[7] ☐ ☐

[8] 여 덟

[9] ☐ ☐

[10] ☐

시간　끝난 시간 ☐ 시 ☐ 분

1회분 푸는 데 걸린 시간 ☐ 분

채점　독해 7문제 중 ☐ 개

어법·어휘 17문제 중 ☐ 개

← 스스로 붙임딱지
문제를 다 풀고
맨 뒷장에 있는
붙임딱지를
붙여보세요.

04회

문학 | 동시 | 관련교과 : 초등국어활동 1-2

공부한 날 [ ] 월 [ ] 일
시작 시간 [ ] 시 [ ] 분

1단계 04회 28쇄
▲ QR코드를 찍으면
지문 읽기를 들을 수 있어요

달팽이

김동극

달팽이는
달팽이는

집을 ㉠지고 다니는
달팽이는

집 볼 사람 필요 없네.
자물쇠도 필요 없네.

달팽이는
달팽이는

집을 지고 다니는
달팽이는

비가 와도 걱정 없네.
저물어도 걱정 없네.

어려운 낱말 풀이

① **지고** 물건을 어깨나 등에 얹고
② **다니는** 이리저리 오고 가는
③ **볼** 돌보거나 지키는
④ **자물쇠** 열고 닫게 되어 있는 물건을 잠그는 도구
⑤ **저물어도** 해가 져서 어두워져도

1 이 시에서 가장 중심이 되는 낱말이 무엇인지 적어 보세요.

중심
생각

☐ ☐ ☐

2 이 시를 쓴 사람은 무엇을 하고 있는지 골라 보세요. ──────── [   ]

세부
내용

① 달팽이를 찍고 있다.
② 달팽이를 그리고 있다.
③ 달팽이를 집에 데려갔다.
④ 달팽이를 관찰하고 있다.
⑤ 달팽이에게 먹이를 주고 있다.

3 이 시를 쓴 사람의 생각으로 알맞지 <u>않은</u> 것을 골라 보세요. ──────── [   ]

세부
내용

① 달팽이는 집을 지킬 필요가 없을 것 같아.
② 달팽이는 비가 와도 걱정이 없을 것 같아.
③ 달팽이는 집을 지고 다녀서 무거울 것 같아.
④ 달팽이는 날이 어두워져도 상관없을 것 같아.
⑤ 달팽이는 자물쇠로 문을 잠그고 다닐 필요도 없을 것 같아.

4 밑줄 친 ㉠의 낱말 뜻과 어울리는 그림에 ○를 해 보세요.

어휘
표현

[1]    [2]    [3]

[   ]   [   ]   [   ]

5

작품
이해

이 시에서 달팽이는 집 볼 사람과 자물쇠도 필요 없고, 비가 오거나 날이 저물어도 걱정이 없을 것이라고 한 까닭은 무엇인가요? ··· [　　　　　]

① 눈이 네 개 있기 때문

② 천천히 살아가기 때문

③ 집을 지고 다니기 때문

④ 잠을 자는 시간이 길기 때문

⑤ 어디를 가든 가는 곳마다 먹을 것이 있기 때문

6

작품
이해

이 시와 비슷한 내용으로 시를 바꾸어 쓰려고 합니다. 달팽이와 바꾸기에 가장 적절한 동물을 골라 보세요. ··· [　　　　　]

①　　　　　　　　②　　　　　　　　③

④　　　　　　　　⑤

7

추론
적용

빈칸에 들어갈 알맞은 낱말을 이 시에서 찾아 달팽이의 자기소개를 완성해 보세요.

안녕하세요, 저는 [　　] 을 등에 지고 다니는 달팽이입니다. 저는 비가 와도, 날이 저

물어도 [　][　] 이 없습니다. 비가 오면 등 껍데기 속에서 비를 피하면 되고, 어두

워지면 등 껍데기 안으로 들어가 자면 되기 때문입니다.

04회 어법·어휘편

본문에 나온 어휘들만 따로 모아 복습하는 순서입니다.

해설편 0 0 3 쪽

[1단계] 아래의 낱말에 알맞은 뜻을 선으로 이어 보세요.

[1] 지다 •
[2] 보다 •
[3] 다니다 •

• ㉠ 돌보거나 지키다.
• ㉡ 이리저리 오고 가다.
• ㉢ 물건을 어깨나 등에 얹다.

[2단계] [보기]의 문장과 어울리는 사진에 ○를 해 보세요.

[보 기]	해가 저물다.

[1]

[   ]

[2]

[   ]

[3단계] [보기]의 문장과 그림을 보고, 빈칸에 들어갈 알맞은 낱말을 적어 보세요.

[보 기]   그는 [   ]에 열쇠를 넣어 잠긴 문을 열었다.
└ 뜻: 열고 닫게 되어 있는 물건을 잠그는 도구

☐ ☐ ☐

시간   끝난 시간 [ ]시 [ ]분
1회분 푸는 데 걸린 시간 [ ]분

채점   독해 7문제 중 [ ]개

어법·어휘 6문제 중 [ ]개

◀ 스스로 붙임딱지
문제를 다 풀고
맨 뒷장에 있는
붙임딱지를
붙여보세요.

1주 | 04회   25

05회

문학 | 동화 | 관련교과 : 초등국어 (2005개정)

공부한 날 ☐월 ☐일
시작 시간 ☐시 ☐분

독해력 1단계 05회
▲ QR코드를 찍으면
지문 읽기를 들을 수 있어요

토끼가 깊은 산속을 지나고 있었어요. 그때 갑자기 호랑이가 나타났어요.

"어흥, 너를 잡아먹어야겠다!"

토끼는 무서웠지만 얼른 **꾀**를 내었어요.

"호랑이님, 제발 살려주세요. 그 대신 제가 맛있는 떡을 구워 드릴게요."

호랑이는 떡을 먼저 먹고 난 뒤에 토끼를 잡아먹어야겠다고 생각하였어요.

토끼는 활활 타오르는 불 위에 돌멩이를 올려 구웠어요.

"참, 이 떡은 꿀을 찍어 먹어야 맛있어요.

호랑이님, 꿀을 가져올 테니 잠시만 기다리세요."

토끼는 깡충깡충 뛰어 마을로 내려갔어요.

"어흥, 그것 참 맛있게 생겼군."

배가 고팠던 호랑이는 뜨거운 돌멩이 하나를

집어 꿀꺽 삼켰어요.

"앗, 뜨거워!"

호랑이는 너무 뜨거워서 엉엉 울었어요.

　　　-이현진, 〈토끼와 호랑이〉, 사계절

---

1 이 글의 제목으로 알맞은 것을 고르세요. ┄┄┄┄┄┄┄┄┄┄┄┄┄┄┄┄┄┄┄ [　　　]

중심
생각

① 토끼의 꾀

② 토끼의 꿀

③ 호랑이의 떡

④ 토끼의 달리기

⑤ 토끼와 호랑이의 **시합**

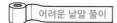 어려운 낱말 풀이 ┃ ① **꾀** 일을 잘 꾸며내거나 해결해내는 생각이나 방법
┃ ② **시합** 운동이나 기술로 서로 겨루는 것 試시험할 시 合합할 합

2
요소

주인공은 누구인가요?

☐☐ 와 ☐☐☐

3
요소

호랑이와 토끼의 성격을 [보기]에서 골라 동그라미에 써넣어 보세요.

[보 기] 성급함① 지혜로움② 어리석음③ 침착함④

호랑이

토끼

4
세부
내용

글에 나오지 <u>않는</u> 장면⑤을 고르세요. ─────────── [   ]

① 토끼가 불에 돌멩이를 굽는 장면

② 토끼가 깊은 산속을 지나는 장면

③ 토끼가 돌멩이에 꿀을 찍어주는 장면

④ 호랑이가 토끼를 잡아먹겠다고 하는 장면

⑤ 돌멩이가 뜨거워서 호랑이가 엉엉 우는 장면

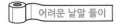 어려운 낱말 풀이 : ① **성급함** 성질이 급함 性성질 성 急급할 급- ② **지혜로움** 경험이 많거나 세상을 잘 알아서 문제를 풀어
가는 능력이 있음(늑슬기로움) 智슬기 지 慧슬기 혜- ③ **어리석음** 똑똑하지 못하고 둔함 ④ **침착함** 어떤
일을 할 때 서두르지 않고 꼼꼼함 沈잠길 침 着붙을 착 - ⑤ **장면** 이야기 속의 모습 場마당 장 面낯 면

5 [보기]는 글의 내용을 정리한 것입니다.① 순서에 맞게 기호를 쓰세요.

세부
내용

[보 기]　(가) 토끼는 불에 돌멩이를 구웠다.

(나) 토끼는 호랑이에게 떡을 구워주겠다고 했다.

(다) 호랑이는 돌멩이를 삼켰다.

(라) 토끼가 호랑이를 만났는데, 호랑이가 토끼를 잡아먹겠다고 했다.

(마) 호랑이는 돌멩이가 뜨거워 엉엉 울었다.

(바) 토끼는 꿀을 가져오겠다고 하며 마을로 내려갔다.

라 → ☐ → ☐ → ☐ → ☐ → 마

6 토끼가 호랑이에게 뜨거운 돌멩이를 무엇이라고 속였나요? 이 글에서 찾아서 써 보세요.

어휘
표현

☐ ☐ ☐ ☐

7 이야기를 읽고 배울 수 있는 속담을 바르게 이야기한 친구는 누구인가요? ······· [　　　]

작품
이해

① 동훈 : 소 잃고 외양간 고친다.

② 재원 : 세 살 버릇 여든까지 간다.

③ 지원 : 열 번 찍어 안 넘어가는 나무 없다.

④ 용준 : 호랑이 굴에 들어가도 정신만 차리면 산다.

⑤ 하늘 : 물에 빠진 사람 구해 주니 보따리 내놓으라고 한다.

05회 어법·어휘편 본문에 나온 어휘들만 따로 모아 복습하는 순서입니다.

해설편 004쪽

[1단계] 아래의 낱말에 알맞은 뜻을 선으로 이어 보세요.

[1] 갑자기 •   • ㉠ 간절히 바라건대

[2] 제발 •   • ㉡ 생각할 틈도 없이 빨리

[3] 참 •   • ㉢ 정말

[2단계] 아래 문장의 빈칸에 알맞은 낱말을 [보기]에서 찾아서 써넣으세요.

> [보기]   갑자기   제발   참

[1] 토끼가 산속을 지날 때 [   ] 호랑이가 나타났어요.

[2] 호랑이님, [   ] 살려주세요.

[3] 그것 [   ] 맛있게 생겼군.

> 낱말을 이루는 모음과 자음을
> 구별할 수 있는지 확인하는 문제입니다.

[3단계] 다음 그림을 보고 알맞은 자음자를 써 보세요.

[1]   [2]   [3]

ㅗ ㅣ   ㅗ ㅏ ㅣ   굴

시간 끝난 시간 [ ]시 [ ]분   채점 독해 7문제 중 [ ]개

1회분 푸는 데 걸린 시간 [ ]분   어법·어휘 9문제 중 [ ]개

← 스스로 붙임딱지
문제를 다 풀고
맨 뒷장에 있는
붙임딱지를
붙여보세요.

이야기를 할 때는 먼저 친구의 이야기를 들어 주세요.

친구와 이야기할 때에는 먼저 친구의 말을 잘 들어 주어야 합니다. 그리고 친구의 말을 잘 들었다는 대답을 해주면 더욱 좋습니다. '그래', '응'과 같은 말로 상대방의 말에 대답을 해 보세요. 그러면 친구는 더욱 신나서 이야기를 열심히 할 거예요.

어제 독해력 문제집을 풀었는데, 아주 재있었어.

그래?

친구와 내 생각이 같을 때는?

친구의 이야기가 내 생각과 같을 때가 있어요. 그러면 우리는 더욱 기분이 좋아지죠. 이런 기분을 표현해 주는 것도 서로 이야기를 할 때, 중요하답니다. 이럴 때는 '맞아'라며 친구에게 맞장구를 쳐 주세요. 역시 친구는 더욱 신나서 이야기를 열심히 할 거예요.

나는 아직 국어 공부가 어려워.

맞아! 나도 그래.

친구와 내 생각이 다를 때는?

친구와 생각이 다르다고 해서 바로 싫은 내색을 하면 친구와 다툴 수도 있습니다. 우리는 언제나 서로 생각하는 것이 다를 수 있답니다. 그렇다고 내 생각을 말하지 못하면 그 친구와 앞으로 사이좋게 지낼 수 없게 됩니다. 이럴 땐, 친구의 이야기를 먼저 들은 다음, 자신의 생각을 말해 보세요.

나는 김치가 너무 매워서 먹기 싫어.

그래? 하지만 나는 김치가 맛있어.
따뜻한 군고구마와 김치를 한번 먹어 보면 맛있거든!

2주차

주간학습계획표

한 주 간의 계획을 먼저 세워보세요. 매일 학습을 마친 후 맞힌 문제의 개수를 쓰세요!

회차	영역	학습 내용	학습계획일	맞은 문제수
06회	독서 사회	**병원의 종류** 익숙한 내용을 가지고 세부적인 정보들을 각각 읽어내는 법을 터득하는 회차입니다. 문제의 답을 지문이 아닌 상식으로 찾을 수 있으니 주의하세요.	월 일	독해 7문제 중 □개 어법·어휘 9문제 중 □개
07회	독서 기타	**이가 아파요** 한 가지 중심 낱말에 대해 두 가지 측면에서 정보를 서술한 글입니다. 중심 내용과 글의 전개를 독해하여 이해해 보는 회차입니다.	월 일	독해 7문제 중 □개 어법·어휘 9문제 중 □개
08회	독서 편지글	**층간 소음** 편지 형식의 지문입니다. 편지글은 다른 줄글과 다르게 일정한 형식이 있습니다. 편지글이 어떤 것인지 알아보고 독해해 보는 회차입니다.	월 일	독해 7문제 중 □개 어법·어휘 10문제 중 □개
09회	문학 동시	**딱지 따먹기** 딱지치기를 하는 아이의 마음이 잘 표현된 작품입니다. 시에서 말하는 이의 마음을 읽는 방법을 연습하는 회차입니다.	월 일	독해 7문제 중 □개 어법·어휘 6문제 중 □개
10회	문학 동화	**고양이 목에 방울 달기** 잘 알려진 이솝우화입니다. 우화는 옛 고정관념을 심어줄 수도 있지만 여러 글에서 자주 소재로 활용되기도 합니다. 우화 속에 담긴 메시지를 읽어내는 법을 배우는 회차입니다.	월 일	독해 7문제 중 □개 어법·어휘 9문제 중 □개

독서 | 설명문

06회

공부한 날 [ ]월 [ ]일
시작 시간 [ ]시 [ ]분

1단계 06회 12쇄
▲ QR코드를 찍으면
지문 읽기를 들을 수 있어요

　사람들이 자주 다니는 병원에는 내과와 소아청소년과, 정형외과, 치과, 안과, 이비인후과가 있습니다. 이 병원들은 어디를 **치료**하는가에 따라 **분류**된 병원들입니다.

　내과와 소아청소년과는 몸속에 있는 **장기**가 아플 때 가는 병원입니다. 따라서 배탈이 났거나 감기에 걸렸을 때, 어른은 내과, 어린이와 청소년은 소아청소년과에 가면 됩니다. 한편 내과는 수술을 하지 않고 약으로만 치료합니다. 정형외과는 뼈 또는 손목, 무릎 같은 **관절**이 아플 때 가는 병원입니다. 정형외과와 같이 이름에 '외과'가 붙은 병원들은 내과와 달리 **필요**에 따라 수술을 하는 병원입니다. 치과는 이가 아플 때 가는 병원입니다. 안과는 눈에 문제가 생겼을 때 가는 병원입니다. 이비인후과는 귀, 코, 목에 문제가 생겼을 때 가는 병원입니다. 이비인후과에서도 감기를 치료할 수 있습니다.

　앞으로 어디가 아픈지에 따라 어떤 병원을 가야 하는지 잘 알아보고 병원에 가면 몸이 더 빨리 ㉠ 낳을 수 있습니다.

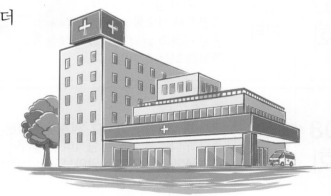

1

중심 생각

무엇에 대해 쓴 글인가요?

[ ] [ ]

어려운 낱말 풀이

① **치료** 병이나 상처 따위를 잘 다스려 낫게 함 治다스릴 치 療병 고칠 료
② **분류** 종류에 따라 나눔 分나눌 분 類무리 류
③ **장기** 간, 심장, 콩팥 같은, 사람 몸속에 있는 내장 臟내장 장 器기구 기
④ **관절** 뼈마디(뼈와 뼈가 서로 연결되어 있는 곳) 關관계 관 節마디 절
⑤ **필요** 반드시 요구되는 바가 있음 必반드시 필 要구할 요

2 이 글에서 소개한 병원은 <u>모두</u> 여섯 가지입니다. <u>모두</u> 써 보세요.

(1) ☐☐   (2) ☐☐☐☐☐☐

(3) ☐☐☐☐   (4) ☐☐

(5) ☐☐   (6) ☐☐☐☐☐

3 글의 내용과 맞는 것에는 ○표, <u>틀린</u> 것에는 ×표 하세요.

세부
내용

(1) 모든 병원은 수술을 한다. ------------------------------ [   ]

(2) 외과의 종류는 정형외과뿐이다. ----------------------- [   ]

(3) 어린이가 감기에 걸리면 소아청소년과에 가면 된다. ---------- [   ]

(4) 뼈가 부러지면 정형외과에 가야한다. -------------------- [   ]

4 병원은 어떻게 분류되나요? ---------------------------------- [   ]

세부
내용

① 병원비가 얼마인지

② 어디를 치료하는지

③ 주사기를 쓰는지 안 쓰는지

④ 얼마나 많은 사람이 오는지

⑤ **입원**을 할 수 있는지 없는지
　　　ⓧ

5 밑줄 친 ㉠을 맞춤법에 맞게 바르게 고쳐 써 보세요.

어휘
표현

_____

🧻 어려운 낱말 풀이 ┃ ① **입원** 치료를 위해 병원에 머무는 것 入들 입 院담 원

6 이 글을 읽고 친구들이 대화를 나누었습니다. 옳지 <u>않은</u> 말을 하는 친구는 누구인가요?
추론
── [　　　　]

① 미영 : 할아버지께서 내과에서 수술을 했어.

② 은영 : 이가 썩어서 치과에 갔어.

③ 태원 : 눈이 빨개져서 안과에 갔어.

④ 인수 : 팔이 부러져서 정형외과에 가서 깁스를 했어.

⑤ 철호 : 귀에서 자꾸 이상한 소리가 나서 이비인후과에 갔어.

7 친구들이 아픕니다. 어느 병원으로 가야 할지 알맞게 선으로 이어 보세요.
추론

(1) ·　　　　　　　　　　· ㉠ 소아청소년과

(2) ·　　　　　　　　　　· ㉡ 정형외과

(3) ·　　　　　　　　　　· ㉢ 치과

(4)  ·　　　　　　　　　　· ㉣ 안과

(5)  ·　　　　　　　　　　· ㉤ 이비인후과

06회 어법·어휘편

본문에 나온 어휘들만 따로 모아 복습하는 순서입니다.

해설편 0 0 4 쪽

[**1단계**] 아래의 낱말에 알맞은 뜻을 선으로 이어 보세요.

[1] 치료 •   • ㉠ 종류에 따라 나눔

[2] 분류 •   • ㉡ 병이나 상처 따위를 잘 다스려 낫게 함

[3] 필요 •   • ㉢ 반드시 요구되는 바가 있음

[**2단계**] 아래 문장의 빈칸에 알맞은 낱말을 [보기]에서 찾아서 써넣으세요.

[보 기]   치료   분류   필요

[1] 계절은 시기에 따라 봄, 여름, 가을, 겨울로 ☐☐ 할 수 있다.

[2] 약을 바르면 상처를 쉽게 ☐☐ 할 수 있다.

[3] 내일까지 ☐☐ 한 준비물은 스케치북이다.

[**3단계**] 다음 그림을 보고 자음자를 써 보세요.

[1]   [2]   [3]

ㅓ   ㅜ   ㅣ

시간 **끝난 시간** ☐시 ☐분   채점 **독해** 7문제 중 ☐개   ← 스스로 붙임딱지
 **1회분 푸는 데 걸린 시간** ☐분   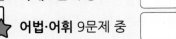 **어법·어휘** 9문제 중 ☐개    문제를 다 풀고 맨 뒷장에 있는 붙임딱지를 붙여보세요.

07회

독서 | 설명문

공부한 날 　월　일
시작 시간 　시　분

독해력 1단계 07회
▲ QR코드를 찍으면
지문 읽기를 들을 수 있어요

밥을 먹거나 아이스크림을 먹을 때 이가 시리거나 아플 때가 있지요? 충치가 생겼기 때문입니다. 도대체 충치는 왜 생기는 걸까요?

우리의 입속에는 **균**^①이 많이 살고 있습니다. 그중에는 충치를 만드는 충치균도 살고 있어요. 충치균은 우리가 음식을 먹고 난 뒤 입속에 남아 있는 음식물 찌꺼기를 먹습니다. 그런 다음 이를 녹이는 **성분**^②을 만들어 냅니다. 그래서 충치가 생기는 것이라고 합니다.

충치균은 단 음식을 매우 좋아한다고 합니다. 과자나 콜라 같이 단 음식을 많이 먹으면 이가 썩을 수 있습니다. 반대로 칼슘이 많은 우유나 멸치는 이에 좋은 음식입니다.

또 음식을 먹고 난 뒤 바로 이를 닦아야 충치를 **예방**^③할 수 있습니다. 음식을 먹고 난 뒤 3분 이내에, 3분 동안, 하루 3번 양치질을 해야 합니다.

1
중심
생각

무엇에 대해 쓴 글인지 두 가지를 고르세요. ────────────── [　, 　]

① 충치가 생기는 이유

② 칫솔질을 잘하는 방법

③ 좋은 칫솔을 고르는 법

④ 우리의 이가 하얀색인 이유

⑤ 충치가 생기지 않도록 예방하는 방법

어려운 낱말 풀이 | ① **균** 동식물에 붙어살면서 썩게 하거나 병을 일으키는 작은 생물 菌세균 균
② **성분** 물체를 이루는 바탕이 되는 원소나 물질 成이룰 성 分나눌 분
③ **예방** 병이나 사고 같은 것이 나지 않게 미리 막는 것 豫미리 예 防막을 방

2

중심
생각

이 글에서 가장 중심이 되는 낱말에 ○표를 하세요.

[보 기]   음식물   충치   양치질   성분

3

세부
내용

다음 중 이 글의 내용과 맞는 것에는 ○표, 틀린 것에는 ×표 하세요.

(1) 충치가 생기면 이가 시리거나 아프다. ────────────────── [   ]

(2) 충치균은 사람 입속에 남아있는 음식물 찌꺼기를 먹는다. ──── [   ]

(3) 충치균은 단 음식을 싫어한다. ──────────────────── [   ]

(4) 양치질은 한 번에 1분만 하면 된다. ──────────────── [   ]

4

세부
내용

충치균이 좋아하는 음식이 <u>아닌</u> 것을 고르세요. ──────────── [   ]

①

②

③

④

⑤

5

[보기]는 이 글을 간단하게 정리한 문장입니다. 순서대로 써 보세요.

> [보 기]
> • 충치가 생기면 아픈데, 충치는 왜 생기는 걸까요?
> • 단 음식은 이에 좋지 않으며, 반대로 우유와 멸치는 이에 좋은 음식입니다.
> • 양치질을 잘해야 충치를 예방할 수 있습니다.
> • 우리 입속의 충치균이 이를 썩게 만듭니다.

> 1. 충치가 생기면 아픈데, 충치는 왜 생기는 걸까요?

> 2.

> 3. 단 음식은 이에 좋지 않으며, 반대로 우유와 멸치는 이에 좋은 음식입니다.

> 4.

6

충치를 예방하려면 어떻게 해야 할까요?

충치를 예방하기 위해서는 음식을 먹고 난 뒤 ☐☐ 이내에,

☐☐ 동안, 하루 ☐☐ 양치질을 해야 합니다.

7

다음은 어떤 어린이가 쓴 글입니다. 내용 중 <u>틀린</u> 것을 찾으세요. ┈┈┈┈┈ [   ]

> 오늘 학교에서 충치와 충치를 예방하는 방법에 대해 배웠다. ㉮요즘 이가 시리거나 아팠는데 이가 썩어서 그런 것 같다. ㉯선생님께서는 충치균이 이를 녹이는 성분을 만들어 낸다고 하셨다. ㉰충치균은 우유나 멸치 같은 음식을 더 좋아한다고 한다. ㉱앞으로 음식을 먹고 난 뒤 바로 이를 닦아야겠다. ㉲그리고 하루에 세 번 양치질을 해야 될 것 같다.

어려운 낱말 풀이
① **역할** 어떤 부분에서 맡은 구실(책임) 役시킬 역 割나눌 할
② **기관** 어떤 일을 할 수 있는 생물체의 한 부분 器도구 기 官벼슬 관
③ **점잖게** 품위를 높여 정중하게

[**1단계**] **아래의 낱말에 알맞은 뜻을 선으로 이어 보세요.**

[1] 균 ·

· ㉠ 병이나 사고 같은 것이 나지 않게 미리 막는 것

[2] 성분 ·

· ㉡ 동식물에 붙어살면서 썩게 하거나 병을 일으키는 작은 생물

[3] 예방 ·

· ㉢ 물체를 이루는 바탕이 되는 원소나 물질

[**2단계**] **아래 문장의 빈칸에 알맞은 낱말을 [보기]에서 찾아서 써넣으세요.**

[보 기]   균   성분   예방

[1] 충치균은 이를 녹이는 [   ] 을 만들어 냅니다.

[2] 음식을 먹고 바로 이를 닦아야 이가 썩는 것을 [   ] 할 수 있습니다.

[3] 우리의 입속에는 충치 [   ] 이 살고 있습니다.

[**3단계**] **우리말에서는 이를 여러 가지로 부릅니다. [보기]의 뜻을 보고 아래 문장에 알맞은 낱말을 써넣으세요.**

[보 기]   이 : 음식물을 씹는 **역할**①을 하는 **기관**②, 주로 사람에게 씀

이빨 : 이를 낮춰 부르는 말, 주로 동물에게 씀

치아 : 이를 **점잖게**③ 부르는 말, 주로 나이가 많은 사람에게 씀

[1] 할아버지, [   ] 가 불편하세요?

[2] 양치질을 게으르게 했더니 [   ] 가 썩은 것 같아요.

[3] 강아지의 [   ] 은 생각보다 날카로워요.

시간   **끝난 시간** [   ]시 [   ]분   채점   **독해 7문제 중** [   ]개

1회분 푸는 데 걸린 시간 [   ]분   **어법·어휘 9문제 중** [   ]개

◀ 스스로 붙임딱지
문제를 다 풀고
맨 뒷장에 있는
붙임딱지를
붙여보세요.

독서 | 편지글 | 관련교과 : 초등국어2-1 5.낱말을 바르고 정확하게 써요

08회

공부한 날 월 일

시작 시간 시 분

독해력 1단계 08회

▲ QR코드를 찍으면
지문 읽기를 들을 수 있어요

아래층에 사시는 분께

안녕하세요? 저는 위층에 사는 한국초등학교 3학년 5반 박성재입니다. 얼굴은 모르지만 누나랑 저랑 뛰어다니고 소리를 지를 때, 많이 시끄러우셨죠? 조용히 해달라는 쪽지까지 보내셨는데도 계속 시끄럽게 했어요. 정말 죄송합니다.

저희가 집안에서 뛰어다니면서 시끄럽게 한 까닭은 밖에 나가 놀지 못하기 때문이에요. **요즘**① 초등학생을 상대로 한 무서운 **사건**②이 많아서 부모님께서 밖에 나가 놀지 못하게 하세요. 그래서 집안에서 노느라 시끄럽게 했어요. **이해**③해 주세요.

앞으로 게임기 하는 소리, 침대에서 뛰어내려서 쿵쿵거리는 소리, 유튜브 보면서 춤추고 노래하는 소리 같은 시끄러운 소리가 나지 않게 조심하겠습니다. 누나한테도 시끄럽게 하지 말자고 말하겠습니다. 특히 주무실 것 같은 밤에는 더 조심할게요.

앞으로 같은 아파트 사는 이웃으로 친하게 지내고 싶습니다. **아직**④ 얼굴은 보지 못했지만 얼굴을 알게 되면 인사도 잘할게요. 그럼 건강하세요.

박성재 올림

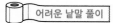

어려운 낱말 풀이   ① **요즘** 얼마 전부터 지금까지 (≒요즈음)
② **사건** 문제가 되어 사람들의 관심을 끄는 일 事일 사 件사건 건
③ **이해** 남의 사정을 잘 알아 너그럽게 받아들이는 일 理다스릴 이 解풀 해
④ **아직** 어떤 일이나 상태가 끝나지 않고 지금까지

1
세부
내용

누가 누구에게 쓴 편지인가요?

☐☐☐ (이)가 ☐☐☐ 에 사는 이웃에게

2
중심
생각

글쓴이가 이 글을 쓴 까닭은 무엇인가요? ──────────────────────── [   ]

① 이웃을 만나고 싶어서

② 이웃이 시끄럽게 해서

③ 이웃과 함께 놀고 싶어서

④ 이웃에게 사과하고 싶어서

⑤ 건강이 좋지 않은 이웃을 위로하기 위해서

3
세부
내용

다음 중 편지의 내용과 맞는 사실에 ○표를, 다른 사실에는 ×표를 하세요.

(1) 성재는 아파트 1층에 산다. ────────────── [   ]

(2) 성재가 시끄럽게 해서 아래층에서 쪽지를 보냈다. ───── [   ]

(3) 요즘 초등학생을 상대로 한 무서운 사건이 많다. ────── [   ]

(4) 성재는 아래층 이웃의 얼굴을 본 적이 없다. ─────── [   ]

4
어휘
표현

[보기]를 읽고 알맞은 낱말을 편지에서 찾아보세요.

> [보 기]   나이 어린 사람이 나이가 많은 사람에게 편지를 보낼 때 쓰는 낱말입니다.
> 보내는 사람의 이름 뒤에 쓰기 때문에 편지의 마지막에 쓰입니다.

☐☐

5 성재와 누나가 집안에서 시끄럽게 한 까닭은 무엇인가요?

내용
적용

요즘 ☐☐☐☐ 을 상대로 한 무서운 사건이 많아서

☐☐☐ 께서 밖에 나가 놀지 못하게 했기 때문입니다.

6 다음 중 이 편지에 들어있지 <u>않은</u> 것에 ×표를 해 보세요.

구조
알기

[보기]
하고 싶은 말   보낸 날짜

보낸 사람

첫인사   끝인사

7 이 글에 나타난 글쓴이의 마음이 <u>아닌</u> 것은 무엇인가요? ⋯⋯⋯⋯⋯⋯⋯ [　　　]

추론

① 시끄럽게 해서 죄송하다.
② 공부를 하기 싫다.
③ 이웃과 친하게 지내고 싶다.
④ 밖에 나가 놀지 못해 답답하다.
⑤ 이웃에게 예의바른 학생이 되고 싶다.

[**1단계**] 아래의 낱말에 알맞은 뜻을 선으로 이어 보세요.

[1] 요즘 •

[2] 사건 •

[3] 이해 •

• ㉠ 남이 처한 상황이나 마음을 잘 알아 너그럽게 받아들이는 일

• ㉡ 얼마 전부터 지금까지

• ㉢ 사람들의 관심을 끄는 일

[**2단계**] 아래 문장의 빈칸에 자연스러운 낱말을 [보기]에서 찾아서 써넣으세요.

[보기]   정말   특히   아직

[1] 위층에서 계속 시끄럽게 해서 ☐☐ 죄송합니다.

[2] ☐☐ 주무시는 밤에는 더 조심하겠습니다.

[3] 저는 ☐☐ 은 이웃의 얼굴을 보지 못했습니다.

[**3단계**] 다음 문장의 밑줄 친 낱말을 높임 표현으로 고쳐 보세요.

[1] 선생님에게

→ ☐

[2] <u>나</u>는 선생님을 정말 좋아합니다.

→ ☐

[3] 우리를 <u>가르쳐 주서서</u> 감사합니다.

→ ☐☐

[4] 박성재 <u>씀</u>

→ ☐☐

시간 끝난 시간 ☐ 시 ☐ 분   채점 독해 7문제 중 ☐ 개   ← 스스로 붙임딱지
1회분 푸는 데 걸린 시간 ☐ 분   어법·어휘 10문제 중 ☐ 개   문제를 다 풀고 맨 뒷장에 있는 붙임딱지를 붙여보세요.

2주 | 08회 43

09회

문학 | 동시 | 관련교과 : 초등국어2-1㉮ 1.시를 즐겨요 (2017개정)

공부한 날 [ ] 월 [ ] 일

시작 시간 [ ] 시 [ ] 분

독해력 1단계 09회

▲ QR코드를 찍으면
지문 읽기를 들을 수 있어요

딱지 따먹기

강원식

딱지 따먹기 할 때

딴 아이가 내 것을 치려고 할 때

가슴이 조마조마 한다.

딱지가 홀딱 넘어갈 때

나는 내가 넘어가는 것 같다.

1
중심
생각

이 시에서 중심이 되는 낱말은 무엇인지 써 보세요.

[ ] [ ]

2
요소

이 시의 장소로 가장 적절하지 **않은** 곳을 고르세요. -------------------------------- [   ]

① 마당   ② 병원   ③ 공터

④ 집 앞   ⑤ 놀이터

3 시에서 말하는 이의 모습이 <u>아닌</u> 것을 고르세요. ──────────────────── [   ]

세부
내용

① 딱지 따먹기를 하고 있다.

② 딱지를 치다가 넘어져 버렸다.

③ 딱지가 넘어갈까 봐 불안해한다.

④ 다른 친구가 딱지를 칠 차례이다.

⑤ 딱지가 뒤집히지 않기를 바라고 있다.

4 이 시에서 쓰인 '조마조마'에 대해 바르게 설명한 것은 무엇인가요? ──────── [   ]

어휘
표현

① 밝고 신나는 모양을 흉내 낸 말이다.

② 딱지가 넘어가는 모양을 흉내 낸 말이다.

③ 딱지끼리 맞닿을 때 나는 소리를 흉내 낸 말이다.

④ 딱지가 넘어갈까 봐 심장이 뛰는 소리를 흉내 낸 말이다.

⑤ 딱지가 넘어갈까 봐 초조하고 불안한 모양을 흉내 낸 말이다.

5 이 시에서 말하는 이의 기분과 같은 친구는 누구인가요? ──────────── [   ]

작품
이해

① 경수 : 올해 생일에 어떤 선물을 받을지 기대돼.

② 은영 : 놀이기구 줄이 내 앞에서 끊기면 어떡하지?

③ 진국 : 달리기에서 내가 일등을 했어!

④ 태호 : 요즘 텔레비전에서 저 코미디언이 가장 웃겨.

⑤ 진아 : 좋아하는 가수를 만났는데 아무 말도 못 했어.

6

작품
이해

이 시에서 말하는 이는 '딱지가 넘어가면 내가 넘어가는 것 같다'고 했습니다.
그 까닭은 무엇인가요? ─────────────────────────────────── [   ]

① 딱지가 넘어갈까 봐 떨려서

② 딱지에 자신의 얼굴이 그려져 있어서

③ 자신의 딱지가 친구 딱지보다 작아서

④ 친구가 다리를 걸어서 넘어질 것 같아서

⑤ 친구 딱지를 밟는 바람에 넘어질 것 같아서

7

추론
적용

빈칸을 채워 이 시와 같은 내용의 줄글을 완성하세요.

학교가 끝나고 태무와 함께 ☐☐ ☐☐☐ 놀이를 하였다.

태무가 내 것을 치려고 할 때마다 내 가슴은 ☐☐☐☐ 하였다.

딱지가 홀딱 넘어가면 마치 ☐ 가 넘어가는 것 같았기 때문이다.

 작품 더하기_비슷한 내용의 작품을 더 읽어보세요.

치과에서

김시민

아, 아
입을 더 크게 벌려야 하는데
으, 으
점점 입이 다물어진다

이를 빼야 하는데
눈물이 먼저
쏙
빠진다

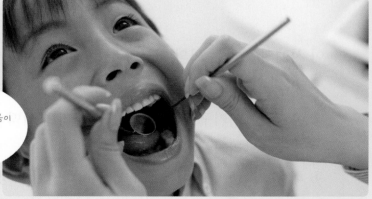

말하는 이의 조마조마한 마음이
〈딱지 따먹기〉와
비슷한 작품입니다.

-초등국어2-1㉮ (2015개정) 수록

[**1단계**] 빈칸에 알맞은 낱말을 [보기]에서 골라 쓰세요.

[보 기]   조마조마   홀딱

[1] 시험이 끝나고 채점할 때마다 내 답이 틀릴까봐 [   ] 한다.

[2] 창문을 통해 바람이 들어오자 종이 뭉치들이 [   ] 뒤집어져 버렸다.

[**2단계**] 다음 [보기]를 참고하여 아래의 문장에 쓰인 알맞은 뜻의 번호를 쓰세요.

[보 기] **홀딱** ① 옷을 완전히 벗은 모양
          ② 어떤 물건이 뒤집히는 모양

[1] 친구가 내 딱지를 치자 **홀딱** 뒤집혀 버렸다. ------------- [   ]
[2] 친구들과 옷을 **홀딱** 벗고 강에서 물놀이를 하였다. ---- [   ]

[**3단계**] 빈칸에 알맞은 흉내 내는 말을 [보기]에서 찾아서 쓰세요.

[보 기]   콩닥콩닥   펄럭펄럭

[1] 나는 겁이 나서 가슴이 [ ][ ][ ][ ] 했다.

[2] 태극기가 바람에 [ ][ ][ ][ ] 날리고 있다.

시간 **끝난 시간** [   ]시 [   ]분   채점 **독해** 7문제 중 [   ]개   ← 스스로 붙임딱지
1회분 푸는 데 걸린 시간 [   ]분   **어법·어휘** 6문제 중 [   ]개   문제를 다 풀고 맨 뒷장에 있는 붙임딱지를 붙여보세요.

10회

문학 | 동화

공부한 날 [ ]월 [ ]일
시작 시간 [ ]시 [ ]분

독해력 1단계 10회

▲ QR코드를 찍으면
지문 읽기를 들을 수 있어요

쥐들이 모여 살고 있는 한 마을이 있었습니다. 이 마을에는 **골칫거리**가 있었습니다. 고양이가 쥐들을 쫓아다니며 괴롭혔던 것입니다.

이 문제를 **해결**하기 위해 쥐들은 **회의**를 했습니다. 하지만 ㉠ 쥐들은 조용했습니다. 좋은 방법이 없었기 때문입니다. 그러던 중 한 마리의 쥐가 말했습니다.

"고양이 목에 방울을 답시다. 방울 소리가 나면 고양이를 만나기 전에 도망칠 수 있습니다."

"좋은 생각입니다!"

다른 쥐들은 똑똑한 쥐의 말에 **찬성**을 했습니다.

이제 고양이를 피할 수 있게 될 거라고 생각한 쥐들은 기뻐했습니다.

그때 다른 쥐가 말했습니다.

"그런데 누가 고양이 목에 방울을 달지?"

㉡ 쥐들은 조용해졌습니다.

그리고 ㉢ 이 생각은 없던 일이 되었습니다.

–이솝 우화

어려운 낱말 풀이

① **골칫거리** 신경 쓰이고 처리하기 어려운 일
② **해결** 어려운 일이나 문제를 푸는 것 解풀 해 決결단할 결
③ **회의** 여러 사람이 모여 어떤 문제에 대해 이야기를 나누는 것 會모일 회 議의논할 의
④ **찬성** 남의 행동이나 생각에 뜻을 같이하는 것 贊도울 찬 成이룰 성

1

중심
생각

이야기의 제목으로 가장 알맞은 것을 고르세요. ────────────── [   ]

① 좋은 생각 찾기

② 고양이의 골칫거리

③ 시골 쥐와 서울 쥐

④ 조용한 쥐들의 마을

⑤ 고양이 목에 방울 달기

2

요소

이 글에 등장한 쥐들의 성격으로 가장 알맞은 것을 아래에서 고르세요.

[보 기]   게으르다   어리석다   똑똑하다   친절하다

3

세부
내용

쥐들이 회의를 한 까닭은 무엇이었나요? ────────────────── [   ]

① 겨울에 먹을 것이 떨어졌기 때문에

② 쥐들의 수가 너무 많아졌기 때문에

③ 고양이가 나타나 쥐들을 괴롭히기 때문에

④ 쥐들을 **대표**하는 **대표자**를 뽑아야 하기 때문에

⑤ 전염병을 옮긴다고 사람들이 쥐를 미워하기 때문에

4

어휘
표현

[보기]의 뜻을 지니는 낱말을 이 글에서 찾아 쓰세요.

[보 기]   애를 먹이는 일이나 사람

☐ ☐ ☐ ☐

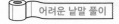 어려운 낱말 풀이

① **대표** 어느 하나가 전체를 나타내는 것 代대신할 대 表겉 표

② **대표자** 사람들을 대신하여 생각을 나타내고 발표하는 사람 代대신할 대 表겉 표 者사람 자

5

작품
이해

밑줄 친 ㉠과 ㉡에서 서로 다른 까닭으로 쥐들이 조용해졌습니다. 그 까닭을 알맞게 선으로 이어 보세요.

(1) ㉠ •

(2) ㉡ •

• ㉮ 고양이 목에 방울을 달 수 없어서

• ㉯ 고양이를 피할 좋은 방법이 없어서

6

어휘
표현

밑줄 친 ㉢은 무엇인지 쓰세요.

☐ ☐ ☐ ☐ 에 ☐ ☐ 달기

7

추론
적용

"고양이 목에 방울 달기"라는 우리 속담이 있습니다. 그 뜻은 무엇일까요? ⋯⋯⋯ [   ]

① 서로서로 돕고 살자.

② 자기 자신을 위해서만 일을 한다.

③ 어떤 일이든지 미리 준비해야 한다.

④ 아무도 하지 않아 실행하기 어려운 일

⑤ 자기 잘못을 모르고 다른 사람 탓만 한다.

배경지식 더하기

고양이가 쥐를 정말 잡아먹나요?

네, 그렇습니다. 귀엽고 예쁘게 생겼지만 고양이는 원래 호랑이, 사자와 친척이
라고 할 수 있는 무서운 육식 동물입니다.

고양이가 쥐만 잡아먹는 것은 아닙니다. 고양이는 작고 재빠르게 움직이는 것
을 따라가 잡도록 타고났다고 합니다. 쥐뿐만 아니라 비둘기, 또는 자기보다
작은 동물을 잡아먹습니다. 하지만 사람과 같이 살면서 점점 그런 습성을 보이
지 않게 됐습니다.

[**1단계**] 아래의 낱말에 알맞은 뜻을 선으로 이어 보세요.

[1] 해결 •   • ㉠ 여러 사람이 모여 어떤 문제에 대해 이야기를 나누는 것

[2] 회의 •   • ㉡ 남의 행동이나 생각에 뜻을 같이하는 것

[3] 찬성 •   • ㉢ 어려운 일이나 문제를 푸는 것

[**2단계**] 빈칸에 알맞은 낱말을 [보기]에서 골라 쓰세요.

> [보 기]   해결   회의   찬성

[1] 이 국어 문제를 스스로 ☐☐ 하니까 정말 뿌듯하다.

[2] 소풍은 놀이공원으로 가기로 친구들 모두가 ☐☐ 하였어요.

[3] 오늘은 청소 당번을 정하기 위한 ☐☐ 를 하는 날이야.

[**3단계**] 다음 문장의 밑줄 친 곳을 맞춤법에 맞게 고쳐 보세요.

[1] 쥐에게 고양이는 골치꺼리였습니다.

→ ☐☐☐☐

[2] 고양이는 쥐를 쪼차다니며 괴롭혔습니다.

→ ☐☐☐☐☐

[3] 조은 방법이 없어 쥐들은 조용했습니다.

→ ☐☐

시간 **끝난 시간** ☐시 ☐분   채점 **독해 7문제 중** ☐개   ← 스스로 붙임딱지
1회분 푸는 데 걸린 시간 ☐분   **어법·어휘 9문제 중** ☐개   문제를 다 풀고 맨 뒷장에 있는 붙임딱지를 붙여보세요.

기가 막히다

외딴 목장에 평소 돼지를 싫어하던 말이 살았습니다. 말이 보기에 돼지는 너무 더러웠거든요. 돼지에게 불만이 많았던 말은 목장을 지나던 옆 마을 사냥꾼에게 돼지를 잡아가라고 설득했습니다.

"사냥꾼님, 우리 목장에는 통통하게 살이 오른 돼지가 한 마리 있어요. 어서 잡아가세요."

사냥을 하지 못해 빈손으로 돌아가던 사냥꾼은 그 말을 듣고 뛸 듯이 기뻐했습니다. 그리고 말을 따라 곧바로 목장으로 향하여 통통한 돼지를 총으로 쏘아 잡았지요. 그리고는 말했습니다.

"말아, 돼지가 너무 무거우니 네가 우리 집까지 돼지를 옮겨줄 수 있겠니?"

더러운 돼지가 사라져 마냥 기뻐하던 말은 흔쾌히 승낙했고, 돼지를 등에 업은 채 사냥꾼의 집까지 따라갔습니다. 말이 돼지를 외양간에 두고 목장으로 떠나려는 찰나, 사냥꾼은 돌변하여 말에게 총을 겨누고 위협했습니다. 말은 도망칠 수 없었지요. 결국 그대로 사냥꾼의 외양간에 묶이는 신세가 되어버렸습니다.

돼지를 없애려 꾀를 부렸다가 자신까지 잡혀 버린 말은 뒤늦게 한탄하며 눈물을 흘렸습니다.

"이제 꼼짝없이 외양간에 묶여 살아야 하다니, 내 처지가 기가 막히는구나!"

"기가 막히다."라는 표현은 좋거나 불쾌한 마음을 과장되게 표현하는 말이에요.
'기'는 숨 쉴 때 나오는 기운을 뜻하므로 숨이 막힐 만큼 좋거나 불쾌하다는 의미지요.
당장 눈앞의 문제만 보다가 함정에 빠진 말의 마음이 딱 그렇겠죠?

'기'와 관련된 또 다른 관용 표현 기를 쓰다 있는 힘을 다하다. | 기가 살다 의기소침하지 않고 기세가 오르다.

3주차

주간학습계획표

한 주 간의 계획을 먼저 세워보세요. 매일 학습을 마친 후 맞힌 문제의 개수를 쓰세요!

회차	영역	학습 내용	학습계획일	맞은 문제수
11회	독서 과학	**남극과 북극** 두 가지 개념의 공통점과 차이점을 설명하는 글을 통해 서로 다른 정보들을 잘 파악하고 비교할 수 있도록 연습하는 회차입니다.	월 일	독해 7문제 중 □개 어법·어휘 9문제 중 □개
12회	독서 사회	**자연 보호** 한 가지 문제에 대한 주장을 담은 글입니다. 글을 읽고 문제 상황은 무엇인지, 그에 대한 주장은 무엇인지 파악해 보는 회차입니다.	월 일	독해 7문제 중 □개 어법·어휘 10문제 중 □개
13회	독서 국어	**코끼리 열차** 놀이공원에 가면 어디서든 볼 수 있는 안내문의 한 종류입니다. 안내문을 읽고 잘 활용하는 방법을 알아보는 회차입니다.	월 일	독해 7문제 중 □개 어법·어휘 9문제 중 □개
14회	문학 동요	**솜사탕** 아이들에게 친숙한 동요로 문제를 출제해 보았습니다. 동요를 다시 불러보면서 동요의 상황을 파악해 보는 회차입니다.	월 일	독해 7문제 중 □개 어법·어휘 7문제 중 □개
15회	문학 동화	**곰과 두 친구** 삶을 살아가는 데 있어서 중요한 교훈을 제시해 주는 이야기입니다. 이야기를 읽고 무엇을 배울지 생각해 보고 적용해 보는 회차입니다.	월 일	독해 7문제 중 □개 어법·어휘 9문제 중 □개

11회

독서 | 설명문 | 교과연계 : 초등사회 6-2 1.세계 여러 지역의 자연과 문화

공부한 날 [ ] 월 [ ] 일

시작 시간 [ ] 시 [ ] 분

독해력 1단계 11회

▲ QR코드를 찍으면
지문 읽기를 들을 수 있어요

지구의 남쪽과 북쪽 가장 끝에 있는 곳을 극지방이라고 합니다. 극지방은 매우 추워서 사람이 살기 어려우며 그곳에서 살고 있는 동물들도 매우 적습니다. 극지방에는 북극과 남극이 있습니다. 북극과 남극은 똑같은 극지방이지만 서로 다른 점이 있답니다.

↑ 남극의 빙하

↑ 북극의 여름

남극은 얼음으로 덮인 거대한 땅이지만 북극은 **대부분**^① 바다가 얼어 있는 곳입니다. 그리고 남극이 북극보다 훨씬 춥습니다. 남극은 일 년 내내 **기온**^②이 0도 아래이기 때문에 일 년 동안 눈이 녹지 않지만 북극은 여름에는 따뜻해서 눈이 녹기도 합니다. 그리고 남극에는 단 한 번도 **원주민**^③이 살지 않았습니다. 그러나 북극에는 에스키모라고 불리는 원주민이 오래 전부터 살았습니다.

1

세부
내용

이 글에서 가장 중심^④이 되는 내용은 무엇인지 고르세요. --------------------- [　　]

① 극지방이 무엇일까요?

② 극지방에 사는 동물

③ 남극과 북극의 같은 점

④ 남극과 북극의 다른 점

⑤ 남극과 북극의 기온

어려운 낱말 풀이

① **대부분** 반이 훨씬 넘어 전체에 거의 가깝게 大큰 대 部거느릴 부 分나눌 분
② **기온** 공기의 온도 氣공기 기 溫따뜻할 온
③ **원주민** 그 땅에 원래 살고 있던 사람들 原근원 원 住살 주 民백성 민
④ **중심** 매우 중요한 부분 中가운데 중 心마음 심

우리를 '인디언'이라고 부르는데 '아메리카 원주민'이 맞는 표현이에요

2

중심 생각

빈칸을 채워 이 글의 알맞은 제목을 지어 보세요.

　□□　과　□□　의 차이점 ①

3

세부 내용

아래의 문장이 북극에 대한 설명이면 ○, 그렇지 않으면 ×표를 넣으세요. ②

(1) 지구의 북쪽 끝에 있는 극지방이다. ------------------------------ [　　　]

(2) 대부분 바다가 얼어 있는 곳이다. ------------------------------ [　　　]

(3) 일 년 내내 기온이 0도 아래로 떨어져 있다. ------------------ [　　　]

(4) 에스키모라는 원주민이 살고 있다. ------------------------------ [　　　]

해설편 007쪽

4

어휘 표현

[보기]에서 설명하는 낱말을 본문에서 찾아 써 보세요. ③

> [보 기]　지구의 남쪽과 북쪽 가장 끝에 있는 곳

　□□□

5

구조 알기

아래 표의 빈칸을 채워 완성해 보세요. ④

남 극	북 극
얼음으로 덮인 땅이다.	□□ 가 얼어 있는 곳이다.
일 년 내내 □□ 이 0도 아래로 떨어져 있다.	여름에는 따뜻해서 눈이 녹기도 한다.
원주민이 산 적이 없다.	□□□□ 라는 원주민이 살고 있다.

어려운 낱말 풀이 : ① **차이점** 서로 다른 점 差다를 차 異다를 이 點점 점　② **설명** 어떤 내용을 잘 알 수 있게 밝혀 말하는 것 說말씀 설 明밝을 명　③ **본문** 주된 글. 문제에선 '주어진 글'을 뜻함 本뿌리 본 文글 문　④ **완성** 모든 것이 다 갖춰지게 함 完완전할 완 成이룰 성

6

내용
적용

아래 사진에 대한 학생들의 설명 중 알맞게 생각한 것을 고르세요. ············· [　　　　]

① 경미 : 눈이 하얗게 덮인 것을 보니 여긴 남극일 거야.

② 용진 : 북극은 따뜻해서 눈이 녹기도 하니까 여긴 북극은 아닐 거야.

③ 수진 : 사람이 살고 있는 것을 보니 여긴 극지방이 아닐 거야.

④ 정민 : 원주민이 살고 있는 것을 보니 여긴 북극일 거야.

⑤ 혜경 : 바다가 보이지 않는 것을 보니 여긴 남극일 거야.

7

추론

아래의 글은 북극에 대한 설명입니다. 빈칸을 알맞게 채워 설명을 완성해 보세요.

북극은 지구의 가장 　　　　 끝에 있는 극지방입니다. 북극은 대부분 땅이 아니라 　　　　 가 얼어 있는 곳입니다. 북극은 춥지만 　　　　 에는 따뜻해서 눈이 녹기도 합니다. 남극보다 따뜻하기 때문에 오래 전부터 에스키모라고 불리는 　　　　 이 살았습니다.

 배경지식 더하기

세계에서 가장 넓은 사막이 남극?

여러분은 세계에서 가장 넓은 사막이 남극이란 사실을 알고 있나요? 이상하죠? 남극에는 모래가 없는데 말이죠. 사실 사막은 모래가 많은 곳을 뜻하지 않아요. 사막은 일 년 동안 비가 얼마나 오는지에 따라 정해집니다. 일 년 동안 비가 250mm 이하만 내리는 지역을 사막이라고 불러요. 우리나라에는 일 년 동안 1,300mm의 비가 내린다고 해요. 사막이 얼마나 비가 조금 내리는지 알겠죠? 남극에는 일 년 동안 겨우 200mm의 비가 내린다고 하네요. 그래서 남극도 사막인 거예요. 그렇다면 두 번째로 넓은 사막은 어디일까요? 아프리카에 있는 사하라 사막입니다. 사하라 사막은 여러분이 잘 알고 있는 모래로 된 사막이에요.

11회 어법·어휘편 본문에 나온 어휘들만 따로 모아 복습하는 순서입니다.

[1단계] 아래의 낱말에 알맞은 뜻을 선으로 이어 보세요.

[1] 똑같은 •

[2] 거대한 •

[3] 대부분 •

• ㉠ 반이 훨씬 넘어 전체에 거의 가깝게

• ㉡ 조금도 다른 데가 없는

• ㉢ 엄청나게 큰

[2단계] 아래 문장의 빈칸에 알맞은 낱말을 [보기]에서 찾아서 써넣으세요.

> [보 기]   똑같은   거대한   대부분

[1] 남극은 얼음으로 덮인 ☐☐☐ 땅이다.

[2] 북극과 남극은 ☐☐☐ 극지방이지만 서로 다른 점이 있다.

[3] 북극은 ☐☐☐ 바다가 얼어있는 곳입니다.

[3단계] 낱말 뜻을 읽고 십자말풀이의 빈칸을 채워 보세요.

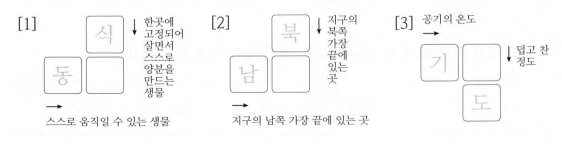

[1]

식
동 ☐
→ 스스로 움직일 수 있는 생물
↓ 한곳에 고정되어 살면서 스스로 양분을 만드는 생물

[2]

북
남 ☐
→ 지구의 남쪽 가장 끝에 있는 곳
↓ 지구의 북쪽 가장 끝에 있는 곳

[3] 공기의 온도 →

기 ☐
도
↓ 덥고 찬 정도

시간 **끝난 시간** ☐ 시 ☐ 분

1회분 푸는 데 걸린 시간 ☐ 분

채점 **독해** 7문제 중 ☐ 개

어법·어휘 9문제 중 ☐ 개

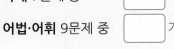

← 스스로 붙임딱지
문제를 다 풀고 맨 뒷장에 있는 붙임딱지를 붙여보세요.

3주 | 11회 57

12회

　　자연은 우리에게 많은 도움을 줍니다. 자연은 우리가 살아가는 데 없어서는 안 됩니다. 그러므로 우리는 자연을 **보호**^①하고 아껴야 합니다. 그리고 자연을 보호하기 위해 우리가 할 수 있는 일이 무엇이 있는지 생각해 보아야 합니다.

　　먼저, 가까운 **거리**^②는 걸어 다니면 좋습니다. 가까운 거리도 자동차를 이용한다면 거리에 자동차가 많아질 것입니다. 자동차에서 나오는 연기는 공기를 나빠지게 합니다. 그리고 나무나 꽃도 잘 자라지 못하게 합니다.

　　그리고 우리 **주변**^③에 있는 나무나 꽃을 아끼고 보호해야 합니다. 장난을 하기 위해 나뭇가지를 꺾거나 꽃이 예쁘다고 **함부로**^④ 꺾으면 안 됩니다. 그러면 나무나 꽃이 제대로 자라지 못하거나 말라 죽을 수도 있습니다.

　　우리는 자연과 함께 살아가야 합니다. 자연과 함께 살아가기 위해선 자연을 아끼고 보호해야 할 것입니다.

↑ 자동차에서 나오는 연기

1

중심
생각

이 글에서 가장 많이 나오는 낱말 두 개를 찾아 ○표를 하세요.

[보 기]	자연	나무	보호	자동차

어려운 낱말 풀이

① **보호** 잘 지켜 원래대로 있게 함 保지킬 보 護보호할 호
② **거리** 두 장소가 서로 떨어져 있는 길이 距떨어질 거 離떨어져 있을 리
③ **주변** 어떤 대상의 둘레 (≒주위) 周골고루 주 邊가장자리 변
④ **함부로** 마음 내키는 대로 마구

2

중심
생각

이 글의 중심 내용은 무엇인가요? ———————————————————— [   ]

① 자연을 보호하자.

② 자동차를 타지 말자.

③ 가까운 거리는 걸어 다니자.

④ 나무와 꽃을 함부로 꺾지 말자.

⑤ 산에 오를 땐 쓰레기를 버리지 말자.

3

세부
내용

이 글에 없는 내용을 고르세요. ———————————————————————— [   ]

① 자연은 우리에게 많은 도움을 준다.

② 가까운 거리도 자동차를 이용하면 자동차가 많아질 것이다.

③ 나무는 자동차의 연기를 깨끗하게 만든다.

④ 꽃을 꺾으면 꽃이 말라 죽을 수도 있다.

⑤ 재미로 나뭇가지를 꺾으면 나무가 잘 자라지 못하게 된다.

4

구조
알기

아래 표의 빈칸을 채워 완성해 보세요.

주장	☐☐ 을 아끼고 보호하자.

방법1	방법2
가까운 ☐☐ 는 걸어 다니자.	☐☐ 나 ☐ 을 함부로 꺾지 말자.

5

어휘
표현

"숲, 산, 강, 바다처럼 사람의 손이 가지 않아도 저절로 있는 것"이란 뜻을 가진 낱말을 이 글에서 찾아서 써 보세요.

□□

6

내용
적용

이 글의 내용을 [보기]처럼 나눈 다음 사실이면 '사실'에, 의견이면 '의견'에 ○표 하세요.

> [보 기]　사실: 실제 있었던 일, 또는 현재 있는 일
> 　　　　　　　예) 복도에서 뛰다가 넘어지면 다친다.
>
> 　　　　　　의견: 어떤 일에 대해 가지는 생각이나 주장
> 　　　　　　　예) 복도에서 뛰어다니지 말자.

(1) 가까운 거리는 걸어 다니자. ------------------------------ [사실 / 의견]

(2) 자동차의 연기는 공기를 나쁘게 만든다. ------------- [사실 / 의견]

(3) 나무나 꽃을 함부로 꺾지 말자. ----------------------- [사실 / 의견]

(4) 나무나 꽃을 꺾으면 말라 죽을 수도 있다. ------------- [사실 / 의견]

7

추론

이 글은 어떤 내용의 글인가요? --- [　　　　]

① 편지글

② 초대하는 글

③ 자기를 소개하는 글

④ 자신의 느낌을 쓴 글

⑤ 자신의 생각을 말하는 글

12회 어법·어휘편 본문에 나온 어휘들만 따로 모아 복습하는 순서입니다.

[**1단계**]   아래의 낱말의 알맞은 뜻에 선을 이어 보세요.

[1] 보호 •   • ㉠ 어떤 대상의 둘레

[2] 주변 •   • ㉡ 두 장소가 서로 떨어져 있는 길이

[3] 거리 •   • ㉢ 잘 지켜 원래대로 있게 함

[**2단계**]   아래 문장의 빈칸에 알맞은 낱말을 [보기]에서 찾아서 써넣으세요.

[보 기]	보호	주변	거리

[1] 우리 ☐☐ 에 있는 나무나 꽃을 함부로 꺾지 말아야 한다.

[2] 가까운 ☐☐ 는 걸어 다니면 좋다.

[3] 자연과 함께 살아가기 위해선 자연을 ☐☐ 해야 한다.

[**3단계**]   [보기]의 설명을 읽고 아래 문장에 알맞은 낱말을 고르세요.

> [보 기] 틀리다 : 정답, 계산 등이 잘못되다.
>
>   다르다 : 비교하는 두 대상이 같지 않다.

[1] 너의 계산은 (틀렸어 / 달랐어).

[2] 너의 생각은 나와 (틀려 / 달라).

[3] 외국인과 나의 머리카락 색깔은 서로 (틀리다 / 다르다).

[4] 자연 보호에 대한 너의 의견은 나와 (틀리다 / 다르다).

시간 **끝난 시간** ☐시 ☐분   채점 **독해** 7문제 중 ☐개   ← **스스로 붙임딱지**
                                                                              문제를 다 풀고
🕐 **1회분 푸는 데 걸린 시간** ☐분   ⭐ **어법·어휘** 10문제 중 ☐개   맨 뒷장에 있는
                                                                              붙임딱지를
                                                                              붙여보세요.

13회

독서 | 실용문 | 관련교과 : 초등국어 3-1㉮ 5.중요한 내용을 적어요.

공부한 날 ⬜월 ⬜일
시작 시간 ⬜시 ⬜분

독해력 1단계 13회

▲ QR코드를 찍으면
지문 읽기를 들을 수 있어요

코끼리 열차 　　(가)

🐘 운행① 시간

– 놀이동산 입구에서 출발

　평일 : 오전 9시~오후 6시

　주말 및 공휴일 : 오전 9시~오후 9시

– 동물원 입구에서 출발

　평일 : 오전 9시~오후 7시

　주말 및 공휴일 : 오전 9시~오후 10시

🐘 배차② 간격③　약 10분

🐘 승차④ 인원　80명

🐘 이용 요금

구 분	요 금
유아 (36개월 미만)	무료
어린이 (36개월 이상~만 12세)	1,000원
일반 (만 13세 이상)	1,500원

어려운 낱말 풀이

① **운행** 정해진 길을 따라 운전해서 다님 運운전할 운 行 다닐 행
② **배차** 정해진 시간·순서에 따라 자동차나 기차 등을 일정하게 배치해 둠 配나눌 배 車수레 차
③ **간격** 시간적으로 벌어진 사이 間사이 간 隔사이 뜰 격
④ **승차** 자동차나 기차 같은 것에 탐 乘탈 승 車수레 차

1
중심
생각

빈칸 (가)에 들어갈 말로 가장 알맞은 것을 고르세요. ----------------------------------- [   ]

① 이용 안내문　　　　② 운영 시간 안내문　　　　③ 이용 요금 안내문

④ 배차 간격 안내문　　　　⑤ 승차 인원 안내문

2
세부
내용

코끼리 열차에 대한 설명 중 <u>틀린</u> 것을 고르세요. ------------------------------- [   ]

① 운행 시간은 언제나 오전 9시부터이다.

② 코끼리 열차는 놀이동산 입구에서 출발한다.

③ 코끼리 열차에는 한 번에 80명이 탈 수 있다.

④ 주말 및 공휴일에는 평일보다 3시간 더 운행한다.

⑤ 어린이는 1,500원을 내야 코끼리 열차에 탈 수 있다.

3
세부
내용

코끼리 열차의 운행이 끝나는 시간을 알맞게 연결해 보세요.

(1) 평일에 놀이동산 입구에서 출발하는 열차 •　　　　　　　• ㉠ 오후 10시

(2) 주말에 놀이동산 입구에서 출발하는 열차 •　　　　　　　• ㉡ 오후 9시

(3) 주말에 동물원 입구에서 출발하는 열차　 •　　　　　　　• ㉢ 오후 6시

4
구조
알기

다음 내용이 들어갈 곳은 어디인가요? -- [   ]

(승차 인원이 많으면 간격이 짧아질 수도 있습니다.)

① 제목　　　　　　② 운행 시간　　　　　　③ 배차 간격

④ 승차 인원　　　　⑤ 이용 요금

5
어휘
표현

'요금이 없음'을 뜻하는 낱말을 이 안내문에서 찾아서 써 보세요.

☐☐

다음은 서윤이가 이 안내문을 읽고 중요한 내용을 정리한 것입니다. 그런데 몇 가지를 적지 못했습니다. 빈칸에 알맞은 말을 넣어 서윤이의 정리를 도와주세요.

- 코끼리 열차는 평일과 주말 모두 [ ] [ ] 9시에 출발함.

- [ ] [ ] [ ] [ ] 입구와 [ ] [ ] [ ] 입구에서 출발하는 마지막 열차 시간은 다름.

- [ ] [ ] [ ] [ ] 은 약 10분

- [ ] [ ] [ ] 은 80명

- 이용 요금은 어린이는 [   ] 원

서윤이네 가족이 놀이동산에 놀러 왔습니다. 놀이동산 입구에서 코끼리 열차를 타기로 했는데요, 서윤이네 가족이 다 타려면 얼마를 내야 할까요?

서윤이네 가족들

최경수(서윤이 아버지, 만 38세)   전은영(서윤이 어머니, 만 36세)

최서윤(만 8세)   최은서(서윤이 동생, 만 2세(24개월))

[   ] 원

13회 어법·어휘편 본문에 나온 어휘들만 따로 모아 복습하는 순서입니다.

[**1단계**] 아래의 낱말에 알맞은 뜻을 선으로 이어 보세요.

[1] 운행 • 　　　　　　• ㉠ 정해진 길을 따라 운전해서 다님

[2] 간격 • 　　　　　　• ㉡ 시간적으로 벌어진 사이

[3] 승차 • 　　　　　　• ㉢ 자동차나 기차 같은 것에 탐

[**2단계**] 아래 문장의 빈칸에 알맞은 낱말을 [보기]에서 찾아서 써넣으세요.

> [보 기]　　　　　운행　　　　간격　　　　승차

[1] 배차 ☐ ☐ 은 인원에 따라 변동될 수 있습니다.

[2] 코끼리 열차의 ☐ ☐ 시간이 어떻게 되나요?

[3] 코끼리 열차에 안전하게 ☐ ☐ 해 주시기 바랍니다.

[**3단계**] 2023년 달력을 보고 아래 날짜에 알맞은 낱말을 [보기]에서 골라 쓰세요.

> [보 기]　평일 : 토요일, 일요일, 공휴일이 아닌 보통날
> 　　　　　주말 : 일주일의 마지막. 토요일과 일요일을 뜻함
> 　　　　　공휴일 : 나라나 사회에서 정하여 다 함께 쉬는 날

2023 5

일	월	화	수	목	금	토
	1	2	3	4	어린이날 5	6
7	8	9	10	11	12	13
14	15	16	17	18	19	20
21	22	23	24	25	26	27
28	29	30	31			

[1] 2023년 5월 4일 : ☐

[2] 2023년 5월 7일 : ☐

[3] 2023년 5월 5일 : ☐

시간　**끝난 시간** ☐ 시 ☐ 분

1회분 푸는 데 걸린 시간 ☐ 분

채점　**독해** 7문제 중 ☐ 개

어법·어휘 9문제 중 ☐ 개

← 스스로 붙임딱지
문제를 다 풀고
맨 뒷장에 있는
붙임딱지를
붙여보세요.

솜사탕

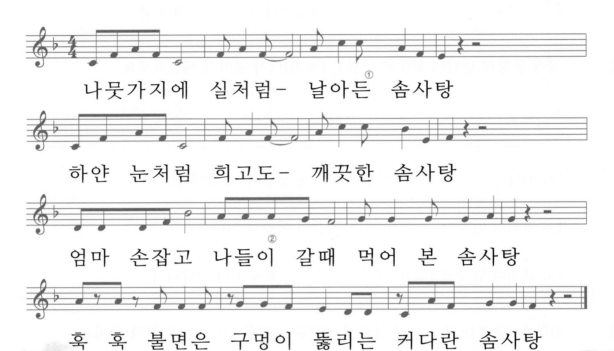

나뭇가지에 실처럼- 날아든^① 솜사탕

하얀 눈처럼 희고도- 깨끗한 솜사탕

엄마 손잡고 나들이^② 갈때 먹어 본 솜사탕

훅 훅 불면은 구멍이 뚫리는 커다란 솜사탕

유튜브에서 동요를 들어보세요.

| 솜사탕 | 🔍 |

https://www.youtube.com/
watch?v=DkSzOGJ9whs

1

중심
생각

이 노래 가사는 무엇을 중심으로 쓰였나요?

☐ ☐ ☐

 **어려운 낱말 풀이**

① **날아든** 날아서 안으로 들어온

② **나들이** 집을 떠나 가까운 곳에 잠시 다녀오는 일

2 이 노래와 어울리는 장소를 고르세요. ─────────────────────────── [　　　　]

중심
생각

① 교실 　　　 ② 병원 　　　 ③ 공원 　　　 ④ 공사장 　　　 ⑤ 우리 집

3 말하는 이는 무엇을 하고 있나요? ───────────────────────── [　　　　]

요소

① 나뭇가지에 오르고 있다.

② 실로 실뜨기 놀이를 하고 있다.

③ 하얀 눈으로 눈사람을 만들고 있다.

④ 나뭇가지에 걸린 솜사탕을 바라보고 있다.

⑤ 생일 케이크를 앞에 두고 촛불을 후후 불고 있다.

4 이 노래에 나오지 <u>않는</u> 모습을 고르세요. ───────────────── [　　　　]

세부
내용

① 구멍이 뚫린 솜사탕의 모습

② 하얗고 깨끗한 솜사탕의 모습

③ 나뭇가지에 걸린 솜사탕의 모습

④ 솜사탕을 땅에 떨어뜨리고 우는 아이의 모습

⑤ 엄마 손을 잡고 걸어가며 솜사탕을 먹는 아이의 모습

5 아래 표의 빈칸을 채워 이 시의 장면을 정리해 보세요.

세부
내용

첫째 줄	나뭇가지에 날아온 솜사탕이 [　　] 처럼 보였다.
둘째 줄	하얀 솜사탕이 무척 하얗고 깨끗해서 [　　] 같았다.
셋째 줄	[　][　][　] 갈 때, 솜사탕을 먹은 기억이 났다.
넷째 줄	솜사탕을 입으로 불면 [　][　] 이 뚫렸다.

6

작품
이해

이 노래와 어울리는 느낌을 고르세요. ──────────────────── [   ]

① 어둡고 슬프다.

② 밝고 신난다.

③ 무섭고 긴장된다.

④ 따분하고 지루하다.

⑤ 울적하고 힘이 빠진다.

7

추론
적용

[보기]의 그림과 예시를 참고하여 노래 가사를 바꿔 보세요.

[보 기]

하얀 눈처럼
희고도 깨끗한 솜사탕

〈예시〉

개나리처럼 노랗고 예쁜 솜사탕

〈답〉

[   ] 처럼 노랗고 [   ] 솜사탕

14회 어법·어휘편 본문에 나온 어휘들만 따로 모아 복습하는 순서입니다.

해설편 008쪽

[1단계] 빈칸에 알맞은 낱말을 [보기]에서 골라 쓰세요.

[보기]   날아든   나들이

[1] 원홍이는 품속으로 [   ] 새를 꼭 안고 집으로 갔어요.

[2] 오늘은 가족끼리 공원으로 [   ]를 가는 날이에요.

[2단계] 밑줄 친 낱말을 바르게 고쳐 보세요.

[1] 나뭇가지에 실처럼 날아든 솜사탕   → [ ][ ][ ][ ]

[2] 하얀 눈처럼 히고도 깨끗한 솜사탕   → [ ][ ][ ][ ]

[3] 후후 불면은 구멍이 뚫리는 커다란 솜사탕   → [ ][ ][ ]

[3단계] [보기]를 보고 사진 속 낱말이 어떤 낱말이 합쳐져서 만들어진 낱말인지 생각해 본 다음 빈칸을 채워 보세요.

[보기]    솜 + 사 탕 = 솜 사 탕

[1]   [2]

   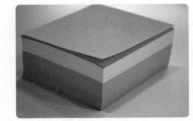

[ ] + [ ] = 비 옷   [ ] + [ ] = 색 종 이

시간 끝난 시간 [ ]시 [ ]분   채점 독해 7문제 중 [ ]개   ↖스스로 붙임딱지
1회분 푸는 데 걸린 시간 [ ]분   어법·어휘 7문제 중 [ ]개   문제를 다 풀고 맨 뒷장에 있는 붙임딱지를 붙여보세요.

3주 | 14회 69

15회

문학 | 동화

공부한 날 [ ]월 [ ]일
시작 시간 [ ]시 [ ]분

독해력 1단계 15회
▲ QR코드를 찍으면
지문 읽기를 들을 수 있어요

두 친구가 산길을 여행하고 있었습니다.

"이 산길은 위험한 것 같으니, 무슨 일이 생기면 서로 꼭 도웁시다."

"내가 **다짐**①하겠네. **여부**②가 있겠는가?"

그렇게 대화를 하며 한참을 가던 중 두 사람은 그만 커다란 곰을 만나게 되었습니다. 그러자 **약삭빠른**③ 한 ㉠ 친구는 커다란 나무 위로 재빠르게 올라가버렸습니다. 나머지 ㉡ 친구는 당황한 나머지 그 모습을 바라보기만 했습니다.

도망치지 못한 ㉢ 친구는 하는 수 없이 그 자리에 얼른 엎드려 죽은 체를 했습니다. 곰은 원래 죽은 사람은 잡아먹지 않는다는 말을 들었기 때문이었습니다. 어슬렁거리며 엎드린 ㉣ 친구에게로 다가온 곰은 킁킁 냄새를 맡으며 엎드린 ㉤ 친구의 **반응**④을 살펴보았습니다. 그리고는 엎드려 있는 친구의 귀에 대고 속삭였습니다.

"허어, 이 사람은 죽었군."

하며 다시 숲 속으로 사라졌습니다.

곰이 사라지자, 도망쳤던 친구는 얼른 나무에서 내려왔습니다. 그리고 엎드려 있던 친구에게 다가와 물었습니다.

"이런, 자네 정말 큰일 날 뻔 했군. 곰이 자네에게 무슨 말을 하던가?"

이 말을 듣자 엎드려 있던 친구가 고개를 들어 말했습니다.

"아, 궁금한가? ㉥ 곰이 내게 와서는 목숨이 위험한 친구를 버리고 **의리**⑤ 없이 도망치는 사람과는 절대 사귀지 말라더군."

도망갔던 친구는 산길을 걷는 내내 아무 말도 꺼내지 못하게 되었습니다.

　　　　　　　　　　　　　　-이솝 우화 「곰과 두 친구」

1

요소

어디에서 일어난 이야기인가요?

☐ ☐

2

중심 생각

이 이야기의 <u>또 다른</u> 제목을 짓는다고 할 때, 빈칸에 들어갈 수 있는 낱말에 <u>모두</u> ○표 하세요.

제목 : 진정한 ☐ ☐

| [보 기] | 친구 | 죽음 | 바위 | 반응 | 우정 |

3

세부 내용

밑줄 친 ㉠~㉤ 중 가리키는 사람이 <u>다른</u> 것을 고르세요. ---------------------------------- [   ]

① ㉠   ② ㉡   ③ ㉢   ④ ㉣   ⑤ ㉤

4

어휘 표현

아래에서 설명하는 표현을 이 글에서 찾아 쓰세요.

자기를 챙기는 일에만 빠른

☐ ☐ ☐ ☐

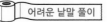 어려운 낱말 풀이 ① **다짐** 틀림없음을 단단히 강조하고 확인함 ② **여부** 틀리거나 의심할 여지 與줄 여 否아닐 부
③ **약삭빠른** 자기를 챙기는 일에만 빠른 ④ **반응** 자극을 받고 그에 대해 어떤 현상이 일어남 反되돌
릴 반 應응할 응 ⑤ **의리** 사람으로서 지켜야 할 도리 義옳을 의 理다스릴 리

5

㉠를 듣고 나무에 올라갔던 친구의 마음은 어떠했을지 알맞은 것을 두 개 고르세요.

-- [,   ]

① 기쁨　　　　　　② 화남　　　　　　③ 미안함

④ 무서움　　　　　⑤ 부끄러움

6

이야기 내용을 바르게 이해하지 <u>못한</u> 친구를 고르세요. ----------------------------------- [   ]

① 윤주 : 두 친구 모두 곰을 만나서 정말 무서웠겠다!

② 성호 : 진정한 친구라면 함께 나무에 올라갔어야 하는데…….

③ 혜지 : 이야기에서 곰이 말을 할 수 있다는 점이 참 재미있었어.

④ 여진 : 엎드려 죽은척했던 친구의 마음은 얼마나 조마조마했을까?

⑤ 승익 : 나무에 올라간 친구는 행동은 느릿느릿하지만 참 똑똑한 것 같군.

7

다음은 이야기의 내용을 정리한 것입니다. 빈칸에 알맞은 낱말을 써넣어 보세요.

친구가 길을 가고 있었다. 곰이 다가가자 한 친구는 재빠르게 ☐☐ 위로 올라가고, 다른 한 친구는 그 자리에 엎드려 ☐☐ 척 했다. 곰은 그 엎드린 친구에게 다가가서 몇 번 냄새를 맡고 사라졌다. 엎드려 있던 친구는 곰이 자신에게 ☐☐를 버리고 ☐☐ 없이 혼자 도망가는 사람하고는 다니지 말라고 속삭였다고 말했다.

15회 어법·어휘편 본문에 나온 어휘들만 따로 모아 복습하는 순서입니다.

[**1단계**] 아래의 낱말에 알맞은 뜻을 선으로 이어 보세요.

[1] 다짐 •　　　　　　　• ㉠ 사람으로서 마땅히 지켜야 할 도리

[2] 여부 •　　　　　　　• ㉡ 틀림없음을 단단히 강조하고 확인함

[3] 의리 •　　　　　　　• ㉢ 틀리거나 의심할 여지

[**2단계**] 빈칸에 알맞은 낱말을 [보기]에서 골라 쓰세요.

> [보 기]　　　　　　다짐　　　여부　　　의리

[1] 친구 사이에는 ☐☐ 가 있어야 한다.

[2] 나는 앞으로 다시는 이런 일이 없을 것이라고 ☐☐ 했다.

[3] 암, 그렇고말고. 당연하지. ☐☐ 가 있나?

[**3단계**] 밑줄 친 말을 다른 말로 알맞게 바꾸어 쓰세요.

[1] 자기를 챙기는 일에만 빠른 친구는 재빠르게 나무 위로 올라갔습니다.

→ 약☐☐☐ 친구는 재빠르게 나무 위로 올라갔습니다.

[2] 엎드린 친구는 잠시 숨을 멈춘 채 조금도 움직이지 않았습니다.

→ 엎드린 친구는 잠시 숨을 멈춘 채 꼼☐ 도 하지 않았습니다.

[3] 곰은 친구 귀에 대고 작은 목소리로 가만가만 이야기했습니다.

→ 곰은 친구 귀에 대고 작은 목소리로 속☐였습니다 .

시간　끝난 시간 ☐시☐분　채점　독해 7문제 중 ☐개

1회분 푸는 데 걸린 시간 ☐분　어법·어휘 9문제 중 ☐개

← 스스로 붙임딱지
문제를 다 풀고
맨 뒷장에 있는
붙임딱지를
붙여보세요.

네가(○) / 너가(×) / 니가(×)

오늘은 수업 시간에 그림을 그렸습니다. 우리 반 친구들은 그림 그리는 것을 좋아합니다. 수업이 끝나고 선생님께서 반 친구들이 그린 그림을 교실 뒤에 붙여 놓으셨습니다. 지우와 용식이가 그림들을 보면서 이야기를 하고 있습니다.

지우: 용식아, **니가** 그린 그림은 어디에 있어?

용식: 오른쪽 끝에 있어. 지난 주말에 다녀온 바다를 그렸어.

지우: 정말 잘 그렸네! 내 그림은 저 쪽에 있어.

용식: **너가** 그린 그림도 정말 예쁘다! 무슨 그림이야?

지우: 우리 동네에 있는 철쭉동산을 그린거야.

'니가'와 '너가'는 '네가'의 잘못된 표현입니다.

'나'나 '너'는 뒤에 '는, 를, 도, 만'과 같은 말이 오면 '나, 너'를 그대로 쓸 수 있습니다.

하지만 '나'나 '너' 뒤에 '가'가 오면 '내가, 네가'가 됩니다.

그런데 '네가'의 '네'가 '내'와 발음이 비슷하기 때문에 쉽게 구별하기 위해 '니가, 너가'처럼

'니, 너'로 쓰는 사람들이 있습니다. 그렇지만 '네가'를 '니가'나 '너가'라고 하는 것은 바른 표현이 아닙니다.

바르게 고쳐 보세요.

지우: 용식아, **니가** 그린 그림은 어디에 있어?

→ 용식아, ☐ ☐ 그린 그림은 어디에 있어?

용식: **너가** 그린 그림도 정말 예쁘다!

→ ☐ ☐ 그린 그림도 정말 예쁘다!

4주차

주 간 학 습 계 획 표

한 주 간의 계획을 먼저 세워보세요. 매일 학습을 마친 후 맞힌 문제의 개수를 쓰세요!

회차	영역	학습 내용	학습계획일	맞은 문제수
16회	독서 **국어**	**자기소개** 자기 자신을 소개하는 글입니다. 소개하는 글을 읽고 그 내용을 파악해 보고 되짚어보는 회차입니다.	월 일	독해 7문제 중 □ 개 어법·어휘 8문제 중 □ 개
17회	독서 **과학**	**나는 누구일까요?** 게가 말하는 이가 되어 자신에 대해 설명하는 글입니다. 글을 읽고 말하는 이가 누구인지 추론도 해 보고 내용도 파악해 보는 회차입니다.	월 일	독해 7문제 중 □ 개 어법·어휘 7문제 중 □ 개
18회	독서 **사회**	**반려견 주의** 생활하면서 볼 수 있는 주의 사항이나 안내문입니다. 글을 읽고 글쓴이가 말하고자 하는 바와 주의할 점을 파악해 보는 회차입니다.	월 일	독해 7문제 중 □ 개 어법·어휘 10문제 중 □ 개
19회	문학 **동시**	**그만뒀다** 자신이 키우는 동물에 대한 애정이 담긴 시입니다. 시를 읽고 말하는 이의 마음에 공감해 보는 회차입니다.	월 일	독해 7문제 중 □ 개 어법·어휘 12문제 중 □ 개
20회	문학 **동화**	**등불을 든 사람** 삶을 살아가는 데 있어서 중요한 교훈을 제시해주는 이야기입니다. 이야기를 읽고 어떠한 교훈을 담고 있는지 생각해 보고 적용해 보는 회차입니다.	월 일	독해 7문제 중 □ 개 어법·어휘 9문제 중 □ 개

16회

안녕하세요. 제 이름은 이상호입니다. 저는 푸른 유치원을 졸업했습니다. 여러분과 같은 1학년 2반이 되어서 정말 반갑고 1년 동안 잘 지내고 싶습니다. 지금부터 저를 **소개**^① 하겠습니다.

우리 가족은 저까지 해서 아빠, 엄마, 형까지 총 네 **식구**^②입니다. 저희 어머니와 아버지는 중학교에서 선생님을 하고 계십니다. 형은 저랑 같은 학교 5학년입니다. 형과 저는 가끔 싸워서 부모님께 혼나기도 하지만 사이좋게 지내는 날도 많습니다.

저의 취미는 컴퓨터 게임입니다. 특히 괴물 키우기 게임을 좋아합니다. 친구보다 빨리 괴물을 키울 때 정말 재미있습니다.

저의 **장래 희망**^③은 부모님처럼 학교 선생님이 되는 것입니다. 예전부터 공부하는 것을 좋아했고, 친구들에게 제가 아는 것을 가르쳐 주는 것도 좋아하기 때문입니다.

그리고 부모님을 **존경**^④하고 있기 때문에 저도 꼭 훌륭한 선생님이 되어 학생들이 꿈을 이룰 수 있도록 잘 가르치고 싶습니다.

1

중심
생각

무엇에 대한 글인가요? ·· [　　　]

① 부모님을 소개하기　　　　　　② 자기 자신을 소개하기

③ 반 친구들을 소개하기　　　　　④ 어제 읽은 책을 알려주기

⑤ 선생님이 하는 일에 대해 설명하기

🧻 어려운 낱말 풀이 ┃ ① **소개** 모르는 사람에게 어떤 것을 알려주는 것 紹이을 소 介끼어들 개 ② **식구** 한 집에서 밥을 같이 먹는 사람들로, 가족을 뜻함 食밥 식 口입 구 ③ **장래 희망** 앞으로 이루고 싶은 꿈 將장차 장 來올 래 希바랄 희 望바랄 망 ④ **존경** 어떤 사람을 우러르고 받드는 것 尊높을 존 敬공경할 경

2

세부
내용

글에 나온 내용이 <u>아닌</u> 것은 무엇인가요? .... [   ]

① 글쓴이의 인사

② 글쓴이의 가족

③ 글쓴이의 꿈

④ 글쓴이가 졸업한 유치원

⑤ 글쓴이가 좋아하는 음식

해설편 009쪽

3

세부
내용

이 글의 내용과 <u>다른</u> 것을 고르세요. .... [   ]

① 글쓴이는 1학년이다.

② 글쓴이의 아버지는 선생님이다.

③ 글쓴이는 키우고 있는 강아지가 있다.

④ 글쓴이의 어머니는 중학교에서 일한다.

⑤ 글쓴이에게는 같은 학교에 다니는 형이 있다.

4

구조
알기

아래 표의 빈칸을 채워 완성해 보세요.

첫 번째 문단	이름은 ☐☐☐.
두 번째 문단	가족은 ☐☐, ☐☐, ☐ 이 있음.
세 번째 문단	취미는 ☐☐☐☐☐.
네 번째 문단	커서 ☐☐☐ 이 되고 싶음.

5

어휘
표현

보기에서 설명하는 낱말을 이 글에서 찾아 써 보세요.

[보 기] 앞으로 하고자 하는 일이나 직업에 대한 희망

☐ ☐ ☐ ☐

6

내용
적용

다음은 상호의 형이 쓴 자기소개입니다. 빈칸에 알맞은 낱말을 써넣으세요.

안녕하십니까? △△초등학교 ☐ 학년 이상민입니다. 저는 아버지, 어머니, 그리고 같은 학교 ☐ 학년에 다니고 있는 동생 한 명과 함께 살고 있습니다. 부모님은 ☐☐☐ 선생님이십니다. 저의 취미는 ☐☐☐ ☐☐ 인데, 동생과 취미가 같습니다. 저는 앞으로 공부를 열심히 해서 판사가 되고 싶습니다. 감사합니다.

7

추론

상호의 자기소개를 듣고 친구들이 이야기를 나누었습니다. 다음 중 자기소개를 <u>잘못</u> 알아들은 친구는 누구인가요? -- [   ]

① 기훈 : 나도 상호랑 같은 푸른 유치원을 졸업했는데, 정말 반갑다.
② 민정 : 어? 우리 언니도 상호네 오빠랑 똑같은 4학년인데.
③ 진규 : 상호네 가족은 모두 네 식구구나. 우리는 총 다섯 식구인데.
④ 서연 : 상호는 가끔 형이랑 싸우나보네. 나도 가끔 동생이랑 싸우는데.
⑤ 민희 : 상호는 컴퓨터 게임을 정말 좋아하나봐.

[**1단계**] **아래의 낱말에 알맞은 뜻을 선으로 이어 보세요.**

[1] 소개 •　　　　　　　　• ㉠ 어떤 사람을 우러르고 받드는 것

[2] 식구 •　　　　　　　　• ㉡ 한 집에서 밥을 같이 먹는 사람들, 가족

[3] 존경 •　　　　　　　　• ㉢ 모르는 사람에게 어떤 것을 알려주는 것

[**2단계**] **아래 문장의 빈칸에 알맞은 낱말을 [보기]에서 찾아서 써넣으세요.**

> [보 기]　　　　　　소개　　　　식구　　　　존경

[1] 저는 부모님을 ☐☐ 하기 때문에 부모님처럼 선생님이 되고 싶습니다.

[2] 지금부터 반 친구들에게 저를 ☐☐ 하겠습니다.

[3] 우리 가족은 모두 네 ☐☐ 입니다.

[**3단계**] **[보기]의 설명을 읽고 아래 문장의 빈칸에 알맞은 낱말을 쓰세요.**

> [보 기]　　희망 : 앞으로 일어날 일이 잘 될 것이라 기대함
> 　　　　　　실망 : 일이 기대한 대로 되지 않아 속이 상함

[1] 저는 커서 선생님이 되기를 ☐☐ 합니다.

[2] 저는 커서 선생님이 되지 못하더라도 ☐☐ 하지 않겠습니다.

시간 **끝난 시간** ☐ 시 ☐ 분　　채점 **독해** 7문제 중 ☐ 개

1회분 푸는 데 걸린 시간 ☐ 분　　 **어법·어휘** 8문제 중 ☐ 개

← 스스로 붙임딱지
문제를 다 풀고
맨 뒷장에 있는
붙임딱지를
붙여보세요.

독서 | 설명문 | 관련교과 : 초등과학 3-2 2.동물의 생활

17회

공부한 날 [　]월 [　]일
시작 시간 [　]시 [　]분

독해력 1단계 17회

▲ QR코드를 찍으면
지문 읽기를 들을 수 있어요

나는 바닷물이 점점 없어질 때 **갯벌**①이 드러나면 볼 수 있습니다. (가) 사람들이 나를 볼 때 흙을 먹고 있는 것처럼 보이지만, 흙을 돌돌돌 말아 입에 넣어서 흙 속의 **영양분**②만 쏙 빼먹는 것입니다.

나는 앞으로는 걸을 수 없고 옆으로만 걸을 수 있습니다. 다리가 몸통 옆에 붙어 있기 때문입니다. 나한테는 다리가 열 개나 있는데 그중 여덟 개의 다리를 이용해 옆으로 걸어 다닙니다. 나머지 다리 두 개는 집게발입니다. 집게발이 있어서 내 몸보다 무거운 것도 쉽게 들 수 있고, 조개를 까먹을 수도 있습니다. (나)

⬆ 갯벌에 살고 있는 나는 누구일까요?

나는 크기가 작지만 내 몸은 **갑옷**③을 입은 것처럼 딱딱한 껍데기로 감싸여 있습니다. (다) 말랑말랑한 살을 보호하기 위해 뼈가 밖에 있는 것입니다. 나의 몸통은 납작한 네모 모양이고, 몸과 다리에 털이 많답니다.

(라) 바닷물이 들어오면 파도에 쓸려 갈 수도 있기 때문에 재빨리 갯벌의 땅을 파고 안으로 몸을 숨깁니다. (마) **적**④이 나타났을 때에도 땅속으로 숨습니다.

1
중심
생각

이 글에서 '나'는 누구일까요? ·· [　　]

① 꽃게   ② 새우   ③ 고래
④ 오징어   ⑤ 갈매기

어려운 낱말 풀이 : ① **갯벌** 밀물(바닷물이 밀려들어오는 것) 때는 물에 잠기고 썰물(바닷물이 빠져나가는 것) 때는 물 밖으로 드러나는 모래질의 땅 ② **영양분** 영양이 되는 성분 **營**경영할 영 **養**기를 양 **分**나눌 분 ③ **갑옷** 싸움을 할 때 적의 칼이나 화살을 막기 위하여 입던 옷 **甲**갑옷 갑- ④ **적** 서로 싸우거나 해치고자 하는 상대 **敵**대적할 적

2 '나'가 땅속으로 숨을 때는 언제인가요? ⸺⸺⸺⸺⸺⸺⸺⸺⸺⸺⸺⸺⸺⸺ [　　　]

세부
내용

① 흙을 먹을 때

② 조개를 먹을 때

③ 갯벌이 드러날 때

④ 바닷물이 들어올 때

⑤ 무거운 것을 들어야 할 때

3 '나'의 몸이 딱딱한 이유는 무엇인가요? ⸺⸺⸺⸺⸺⸺⸺⸺⸺⸺⸺⸺⸺⸺ [　　　]

세부
내용

① 옆으로 걷기 위해

② 파도에 쓸려가지 않기 위해

③ 말랑말랑한 살을 보호하기 위해

④ 적이 나타나면 쉽게 도망치기 위해

⑤ 갑옷을 입은 것처럼 멋있어 보이기 위해

4 밑줄 친 말과 바꿔 쓸 수 있는 말은 어느 것인가요? ⸺⸺⸺⸺⸺⸺⸺⸺⸺⸺ [　　　]

어휘
표현

> 나는 내 몸보다 무거운 것도 쉽게 들 수 있습니다.

① 반짝　　　　② 살랑　　　　③ 번쩍　　　　④ 쿵짝　　　　⑤ 쩝쩝

5 다음 내용이 들어갈 곳은 어디인가요? ⸺⸺⸺⸺⸺⸺⸺⸺⸺⸺⸺⸺⸺⸺⸺⸺ [　　　]

구조
알기

> 위험에 처했을 때 집게발로 공격도 합니다.

① (가)　　　　　② (나)　　　　　③ (다)

④ (라)　　　　　⑤ (마)

6

내용
적용

빈칸에 알맞은 말을 넣어 글을 완성하세요.

> 사람들이 나를 볼 때 ☐ 을 먹고 있는 것처럼 보이지만, 흙을 돌돌 말아 ☐ 에 넣어서 흙 속의 영양분만 쏙 빼먹는 것입니다. 나한테는 다리가 ☐☐ 나 있는데 그중 ☐☐☐ 의 다리를 이용해 옆으로 걸어 다닙니다.

7

추론

'나'에 대한 설명에 맞게 빈칸을 채워 보세요.

☐☐☐

☐☐

☐☐

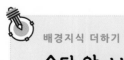

배경지식 더하기

속담 알아보기 '가재는 게 편'

'가재'는 개울에서 삽니다. 주로 돌 밑에 숨어 삽니다. 반대로 '게'는 바다뿐만 아니라 강에서도 삽니다.

가재와 게는 딱딱한 등딱지와 집게발 등이 아주 비슷하게 생겼습니다. 이런 동물을 '갑각류'라고 부릅니다. 그래서 게와 다른 동물이 서로 싸울 때, 가재는 생긴 것만 보고 게가 자기편이라고 생각해서 게 편을 들어준다는 뜻입니다.

서로 비슷한 것끼리 한편이 되어 서로 봐준다는 뜻으로 이 속담을 씁니다.

[1단계] 아래의 낱말에 알맞은 뜻을 선으로 이어 보세요.

[1] 갯벌 •

• ㉠ 밀물 때는 물에 잠기고 썰물 때는 물 밖으로
드러나는 모래질의 땅

[2] 갑옷 •

• ㉡ 싸움을 할 때 적의 칼이나 화살을 막기 위하여 입던 옷

[2단계] 아래 문장의 빈칸에 알맞은 낱말을 [보기]에서 찾아서 써넣으세요.

> [보기]   갯벌   갑옷

[1] 게의 몸은 [   ]을 입은 것처럼 딱딱합니다.

[2] 게는 [   ]이 드러나면 볼 수 있습니다.

[3단계] [보기]의 설명을 읽고 아래 사진에 알맞은 낱말을 쓰세요.

> [보기]   껍질 : 물체의 겉을 덮고 있는 단단하지 않은 물질
> 껍데기 : 어떤 물체의 겉을 덮고 있는 단단한 것

[1]   [2]   [3]

[   ]   [   ]   [   ]

시간 끝난 시간 [   ]시 [   ]분   채점 독해 7문제 중 [   ]개   ← 스스로 붙임딱지
1회분 푸는 데 걸린 시간 [   ]분   어법·어휘 7문제 중 [   ]개   문제를 다 풀고 맨 뒷장에 있는 붙임딱지를 붙여보세요.

독서 | 실용문

18회

공부한 날 ☐월 ☐일
시작 시간 ☐시 ☐분

1단계 18회 26쇄
▲ QR코드를 찍으면
지문 읽기를 들을 수 있어요

(가)

골목 내 반려견 배설물 방치로 악취 발생

우리 동네 골목의 깨끗한 생활을 위해 반려견을 키우는 가정에서는 아래 **주의 사항**을 읽어 주시기 바랍니다.

〈주의 사항〉

– 개 짖는 소리가 나지 않도록 주의

– 외출할 때, 목줄 반드시 **착용**

– 외출할 때, 배설물 담을 봉투 반드시 준비

◆ 함께 사는 동네, **배려**가 중요합니다. ◆

2024년 5월 5일
별빛동 주민 위원회

어려운 낱말 풀이 | ① **내** 안에 內안 내 ② **반려견** 사람과 더불어 사는 개 伴짝 반 侶짝 려 犬개 견 ③ **배설물** 똥, 오줌 등 소화된 음식물이 생물 밖으로 나온 것 排밀 배 泄샐 설 物물건 물 ④ **방치** 그대로 내버려둠 放놓을 방 置둘 치 ⑤ **악취** 나쁜 냄새 惡악할 악 臭냄새 취 ⑥ **발생** 어떤 일이나 사물이 생겨남 發쏠 발 生날 생 ⑦ **주의 사항** 기억해 두어서 조심해야 할 것 注부을 주 意뜻 의 事일 사 項항목 항 ⑧ **착용** 의복, 모자, 신발 따위를 입음 着붙을 착 用쓸 용 ⑨ **배려** 도와주거나 보살펴 주려고 마음을 씀 配나눌 배 慮생각할 려

1
세부 내용
문제가 생긴 곳은 어디인가요? ────────────────── [   ]

① 학교   ② 시장   ③ 공원   ④ 골목   ⑤ 도서관

2
중심 생각
(가)에 들어갈 알맞은 제목을 고르세요. ──────────── [   ]

① 반려견 건강 안내문
② 반려견 주의 안내문
③ 주민 위원회 악취 발생
④ 별빛동 주민 건강 안내문
⑤ 주민의 깨끗한 생활 안내문

3
중심 생각
무엇 때문에 안내문이 붙었나요?

동네 골목 내 반려견 ☐☐☐ 방치로 ☐☐ 가 발생했기 때문에

4
세부 내용
안내문에서 말한 주의 사항이 맞으면 ○, 아니면 ×표를 하세요.

(1) 반려견이 짖는 소리가 나지 않도록 해야 합니다. ──────── [   ]
(2) 외출을 할 때에는 반려견에게 목줄을 착용시켜야 합니다. ──────── [   ]
(3) 매일 목욕을 시켜 반려견의 청결을 유지해야 합니다. ──────── [   ]
(4) 반려견 배설물을 치울 수 있는 봉투를 꼭 들고 다녀야 합니다. ──────── [   ]

5 어휘
표현

[보기]에서 설명하는 낱말을 이 글에서 찾아서 써 보세요.

[보 기] 기억해 두어서 조심해야 할 것

☐ ☐ ☐ ☐

6
내용
적용

다음 글의 빈칸에 알맞은 낱말을 이 글에서 찾아서 써 보세요.

꼭 지켜야 할 반려견 에티켓*

같이 살면서 지켜야 할
예의나 예절

1. 외출할 때는 이름표 달기

2. 외출할 때, ☐ ☐ , 입마개 등 안전장치 하기

3. 반려견 ☐ ☐ ☐ 치우기

7
추론

이 안내문에서 생각해낼 수 있는 것이 <u>아닌</u> 것 <u>두 개</u>를 고르세요. ······ [,   ]

① 별빛동에는 주민 위원회가 있다.

② 별빛동에서는 반려견을 키울 수 없다.

③ 외출할 때는 개 목줄을 꼭 착용해야 한다.

④ 골목에서는 반려견을 데리고 다닐 수 없다.

⑤ 주민 위원회에서는 주민을 위해 안내문을 쓰기도 한다.

[1단계] 아래의 낱말에 알맞은 뜻을 선으로 이어 보세요.

[1] 방치 •　　　　　　　　• ㉠ 도와주거나 보살펴 주려고 마음을 씀

[2] 배려 •　　　　　　　　• ㉡ 의복, 모자, 신발 따위를 입음

[3] 발생 •　　　　　　　　• ㉢ 어떤 일이나 사물이 생겨남

[4] 착용 •　　　　　　　　• ㉣ 그대로 내버려둠

[2단계] 아래 문장의 빈칸에 알맞은 낱말을 [보기]에서 찾아서 써넣으세요.

[보기]	방치	배려	발생	착용

[1] 외출할 때에는 반려견에게 목줄을 꼭 ☐☐ 시켜야 한다.

[2] 골목에 반려견 배설물을 ☐☐ 했더니 악취가 ☐☐ 했다.

[3] 함께 사는 동네에서는 서로 ☐☐ 해야 한다.

[3단계] 아래 문장의 밑줄 친 낱말을 바르게 고치세요.

[1] 주민 여러분은 주의 사항을 꼭 일거 주시기 바랍니다.

→ ☐☐

[2] 강아지 배설물을 잘 치워야 깨끗한 생활을 할 수 있다.

→ ☐☐☐

[3] 동네에서는 개 짓는 소리가 나지 않도록 조심해야 한다.

→ ☐☐

시간 **끝난 시간** ☐시 ☐분　　채점 **독해** 7문제 중 ☐개

1회분 푸는 데 걸린 시간 ☐분　　⭐ **어법·어휘** 10문제 중 ☐개

← 스스로 붙임딱지
문제를 다 풀고
맨 뒷장에 있는
붙임딱지를
붙여보세요.

4주 18회

해설편 010쪽

문학 | 동시 | 관련교과 : 국어1-2㉮ (2014개정) 수록작품

19회

공부한 날　　월　　일
시작 시간　　시　　분

독해력 1단계 19회
▲ QR코드를 찍으면
지문 읽기를 들을 수 있어요

그만뒀다

문삼석

신발 물어 던진
강아지 녀석
혼내 주려다
그만뒀다.

㉠ 살래살래 흔드는
고 꼬리 땜에…….

우유병 넘어뜨린
고양이 녀석
꿀밤을 먹이려다
그만뒀다.

㉡ 쫑긋쫑긋 세우는
고 귀 땜에…….

1

중심
생각

이 시는 무엇을 보고 쓰여졌나요?

☐☐☐ 와 ☐☐☐

2
요소

다음 중 이 시에서 말하는 이가 한 일을 고르세요. ────────────── [   ]

① 신발을 망가뜨렸다.

② 우유병을 넘어뜨렸다.

③ 강아지를 혼내주었다.

④ 고양이에게 꿀밤을 먹였다.

⑤ 강아지와 고양이를 야단치려다 그만두었다.

3
요소

이 시의 장소로 가장 적절한 곳을 고르세요. ────────────── [   ]

① 학교   ② 병원   ③ 놀이터

④ 운동장   ⑤ 우리 집

4
추론
적용

밑줄 친 ㉠, ㉡을 보고 글쓴이가 느꼈을 마음으로 옳은 것을 고르세요. ────── [   ]

① 슬픔   ② 놀람   ③ 부러움

④ 귀여움   ⑤ 무서움

5
세부
내용

이 시에서 (가), (나)와 각각 관련 있는 것들을 두 개씩 연결 지어 보세요.

                     • ㉠ 우유병

(가) 강아지 •   • ㉡ 꼬리

                     • ㉢ 귀

(나) 고양이 •   • ㉣ 신발

6 이 시에서 쓰인 흉내 내는 표현 두 가지를 찾아 쓰세요.

어휘
표현

☐☐☐☐ , ☐☐☐☐

7 다음 중 말하는 이와 비슷한 경험을 한 친구를 고르세요. ┄┄┄┄┄┄┄┄┄┄┄┄┄┄┄┄┄ [   ]

작품
이해

① 유진 : 오빠가 어제 나를 놀려서 많이 속상했어.

② 승현 : 친구가 내 생일을 축하해줘서 정말 기뻤어.

③ 희원 : 오늘 처음으로 혼자서 모든 문제를 틀리지 않고 다 풀었어.

④ 지혁 : 동생 때문에 속상했는데 방글방글 웃는 얼굴에 화가 풀렸어.

⑤ 상희 : 나의 거짓말에 실망한 부모님의 모습을 보니까 너무 죄송해.

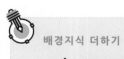

배경지식 더하기

개는 왜 시끄럽게 짖을까요?

개가 짖는 이유는 여러 가지예요. 모르는 사람이 나타나면 짖을 때가 가장 흔하죠. 이는 모르는 사람에게 경고를 나타내는 행동이에요.

하고 싶은 것이 있을 때에도 개는 짖어요. 꼬리를 흔들며 짖을 때는 같이 놀자는 뜻이고, 배고프거나, 산책하고 싶다거나, 똥이나 오줌이 누고 싶을 때에도 짖는다고 해요.

그런데 개가 계속 짖을 때가 있어요. 특히 주인이 외출하고 없을 때 몇 시간이고 짖기도 하죠. 그땐 불안을 느낄 때라고 해요. 개는 혼자 남겨지면 버려졌다고 느낀대요. 때문에 외출한 주인에게 자신의 외로운 마음을 전하려고 계속해서 짖는 것이라고 해요.

[**1단계**]   빈칸에 알맞은 낱말을 [보기]에서 골라 쓰세요.

> [보 기]   살래살래 : 몸의 한 부분을 가볍게 흔드는 모양
>
>   쫑긋쫑긋 : 빳빳하게 세우거나 뾰족하게 내미는 모양

[1] 강아지가 꼬리를 ☐☐☐☐ 흔든다.

[2] 귀가 ☐☐☐☐ 한 토끼들이 풀을 뜯고 있다.

[3] 민수는 고개를 ☐☐☐☐ 저었다.

[4] 고양이가 귀를 ☐☐☐☐ 하면서 주인을 반겼다.

[**2단계**]   아래의 모양을 흉내 내는 낱말에 알맞은 뜻을 선으로 이어 보세요.

[1] 쭈뼛쭈뼛 •   • ㉠ 부끄러워서 자꾸 머뭇거리는 모양

[2] 불쑥불쑥 •   • ㉡ 머리를 자꾸 좌우로 흔드는 모양

[3] 절레절레 •   • ㉢ 여기저기 쑥 내미는 모양

[4] 대롱대롱 •   • ㉣ 작은 물건이 매달려 흔들리는 모양

[**3단계**]   2단계에 나온 흉내 내는 낱말을 아래의 문장에 알맞게 채워 완성하세요.

[1] 나는 그 일을 하기 싫어 고개를 ☐☐☐☐ 흔들었다.

[2] ☐☐☐☐ 솟아오른 산봉우리들이 저 멀리 보였다.

[3] 처음 만나는 자리에서 서로는 ☐☐☐☐ 머뭇거리기만 했다.

[4] 포도나무에 포도송이가 ☐☐☐☐ 달려 있어요.

시간   끝난 시간 ☐시 ☐분   채점   독해 7문제 중 ☐개

1회분 푸는 데 걸린 시간 ☐분   어법·어휘 12문제 중 ☐개

← 스스로 붙임딱지
문제를 다 풀고
맨 뒷장에 있는
붙임딱지를
붙여보세요.

20회

문학 | 동화

공부한 날 ☐ 월 ☐ 일

시작 시간 ☐ 시 ☐ 분

독해력 1단계 20회

▲ QR코드를 찍으면
지문 읽기를 들을 수 있어요

Ⓐ <u>어떤 나그네가 깜깜한 밤길을 걷고 있었습니다.</u> 낯선 길인데다가 **평지**^①가 아니라서 걷기가 매우 힘들었습니다. 나그네는 더듬더듬거리면서 밤길을 헤매고 있었습니다.

Ⓑ <u>그런데 맞은편에서 반짝이는 **등불**^②이 보였습니다.</u> 나그네는 반가운 마음에 등불이 있는 쪽으로 걸음을 **재촉**^③했습니다.

가까이서 보니 한 ㉠ 사람이 등불을 들고 나그네 쪽으로 걸어오고 있었습니다.

그런데 나그네는 깜짝 놀랐습니다. 등불을 든 ㉡ 사람은 ㉢ <u>앞을 보지 못하는 사람이 었기 때문입니다.</u> 나그네는 이상하게 여겨서 물었습니다.

"당신은 앞을 보지 못하면서도 왜 등불을 들고 다니십니까?"

그러자 앞을 보지 못하는 ㉣ 사람이 대답했습니다.

"내가 이 등불을 가지고 다니면 ㉤ 사람들이 내가 걷고 있다는 것을 알게 되고, (㉮) 서로 부딪치는 일이 없게 되니까요."

그렇게 말을 한 후 앞을 보지 못하는 ㉥ 사람은 ㉯ <u>나그네에게 목적지로 가는 길을 자세히 가르쳐 주었습니다.</u> 나그네는 자신보다 남을 ㉰ <u>배려하는</u> 그 사람의 마음이 어둠을 비춰 주는 등불보다도 더 밝다고 생각했습니다.

-옛날이야기

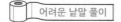

1

요소

이 이야기에서 등장하는 인물을 모두 고르세요. ──────────────── [,   ]

① 나그네

② 고을 원님

③ 다리를 다친 사람

④ 앞을 보지 못하는 사람

⑤ 귀가 들리지 않는 사람

2

중심
생각

이 이야기에서 가장 중심이 되는 낱말을 찾아 동그라미 하세요.

밤길	걸음	어둠
등불	사람	평지

3

세부
내용

밑줄 친 Ⓐ~Ⓓ에서 나그네의 마음은 각각 어떠했을까요? ──────── [   ]

Ⓐ	→	Ⓑ	→	Ⓒ	→	Ⓓ

①	불안함	반가움	궁금함	고마움
②	편안함	불안함	고마움	무서움
③	무서움	고마움	궁금함	지루함
④	즐거움	지루함	고마움	불안함
⑤	지루함	궁금함	불안함	반가움

4

세부
내용

밑줄 친 ㉠~㉤ 중 지칭하는 사람이 다른 것을 고르세요. ──────── [   ]

① ㉠   ② ㉡   ③ ㉢   ④ ㉣   ⑤ ㉤

5 다음 중 빈칸 (㉮)에 들어갈 낱말로 가장 적절한 것을 고르세요. ------------------ [   ]

어휘
표현

① 그러나   ② 하지만   ③ 그러면

④ 예컨대   ⑤ 그런데

6 앞을 보지 못하는 사람이 등불을 든 까닭을 바르게 이해한 친구를 고르세요. ----- [   ]

작품
이해

① 재호 : 밤은 너무 추우니까 등불을 들고 걸어간 것 같아.

② 인성 : 자신보다는 다른 사람을 위한 좋은 행동이 아닐까?

③ 지윤 : 눈이 안보여서 등불인 줄 모르고 가져갔을지도 몰라.

④ 희수 : 당연히 어두우니까 앞을 보기 위해서는 빛이 필요했겠지.

⑤ 기태 : 아니야. 자신을 도와달라고 누군가에게 도움을 요청하는 신호야.

7 밑줄 친 ㉯를 통해 알 수 있는 이 이야기의 주제는 무엇일지 써 보세요.

추론
적용

자기 자신보다 다른 ☐☐ 을 먼저 생각하고

☐☐ 해야 합니다.

 배경지식 더하기

배려하면 세상이 아름다워질 수 있습니다.

이 이야기는 배려의 아름다움을 잘 보여주는 이야기입니다. 배려란 내가 아니라 다른 사람의 입장에서 생각하는 태도이지요. 내가 다른 사람의 입장을 먼저 생각한다면 손해를 볼 것 같다고요? 대신 다른 누군가는 나를 먼저 생각하면서 배려해 주지 않을까요? 그렇게 서로를 배려하다 보면 모두가 행복해지고, 이 세상은 정말 아름다워지지 않을까요?

[**1단계**] 다음 뜻에 알맞은 낱말을 빈칸에 써넣으세요.

[1] 자기가 사는 곳을 떠나 여기저기 다니는 사람 : | ㄴ | ㄱ | ㄴ |

[2] 어떤 일을 빨리 하도록 함 : | ㅈ | ㅊ |

[3] 도와주거나 보살펴 주려고 마음을 씀 : | ㅂ | ㄹ |

[**2단계**] 아래 문장이 자연스럽도록 빈칸에 알맞은 낱말을 써넣으세요.

[1] 낯선 길인데다가 | | | 가 아니라서 걷기가 매우 힘들었다.

[2] 그는 깜깜한 길에서 등불이 보이자 등불을 향해 걸음을 | | | 했다.

[3] 그는 남을 | | | 하는 그 사람의 마음이 밝은 등불 같다고 생각했다.

[**3단계**] 밑줄 친 말을 다른 말로 알맞게 바꾸어 쓰세요.

[1] <u>전에 와 본 적이 없는</u> 길이어서 걷기가 힘들었다.

　　→ | 낯 | | 길이어서 걷기가 힘들었다.

[2] 나그네는 밤길을 <u>어디로 가야 할지 몰라 여기저기 돌아다녔다.</u>

　　→ 나그네는 밤길을 | 헤 | | | .

[3] 나그네는 등불을 든 사람이 이상하다고 <u>마음속으로 생각해서</u> 물었다.

　　→ 나그네는 등불을 든 사람이 이상하다고 | 여 | | 서 | 물었다.

시간 **끝난 시간** | | 시 | | 분　　채점 **독해** 7문제 중 | | 개

 1회분 푸는 데 걸린 시간 | | 분　 **어법·어휘** 9문제 중 | | 개

← 스스로 붙임딱지
문제를 다 풀고
맨 뒷장에 있는
붙임딱지를
붙여보세요.

친구가 어떤 행동을 해주길 바랄 땐, 이렇게 말해요.

쉬는 시간에 교실에서 시끄럽게 떠드는 친구가 있어요. 나뿐만 아니라 다른 친구들도 참기 힘들어해요. 이럴 땐, 이 친구에게 조용히 해 달라고 말해야겠죠? 하지만 명령하는 것처럼 말하면 그 친구가 화를 낼 수도 있어요. 그럴 땐 부드러운 말투로 이렇게 한 번 말해 봐요.

교실에서는 좀 조용히 해주연 어떨까? 부탁할게.

그래, 알았어!

친구와 같이 해야 할 일이 있을 때는?

친구들과 지내다 보면 꼭 친구와 함께 해야 할 일이 있을 때가 있어요. 재밌는 놀이야 언제든 같이 하자고 말하기 쉽지만 교실 청소나 선생님이 시킨 일을 같이 하자고 말하는 건 쉽지 않지요. 이럴 때에도 부드럽게 말하는 것이 중요해요. "~해!"처럼 시키는 말투로 말하면 친구도 같이 하고 싶지 않을 거예요. 어떤 일을 같이 해야 할 땐, 친구에게 이렇게 말해 보세요.

우리 같이 청소하면 어떨까? 함께 하자~.

그래, 알았어!

친구가 잘못을 하고 있다면?

즐거운 급식 시간입니다. 차례차례 줄을 서서 순서대로 급식을 타야겠지요? 그런데 한 친구가 배가 고픈지 새치기를 하려고 하네요. 그러면 질서를 지키는 다른 친구들이 피해를 받게 될 거예요. 이럴 땐, 그러지 말도록 말해야 해요. 하지만 잘못을 지적하는 투로 말하면 그 친구도 화를 낼 거예요. 그러면 어떻게 해야 할까요?

차례차례 줄을 서서 급식을 받는 게 좋을 것 같아. 그렇지 않을까?

음... 미안해. 너우 배가 고파서 그랬어.

5주차

회차	영역	학습 내용	학습계획일	맞은 문제수
21회	독서 기타	콩나물 키우기 콩나물을 키우는 방법에 대한 글입니다. 여러 가지 조건이 제시되어 있기 때문에 잘 구분하면서 읽어보는 것을 연습하는 회차입니다.	월 일	독해 7문제 중 ___ 개 어법·어휘 9문제 중 ___ 개
22회	독서 과학	무당벌레 무당벌레에 관한 설명문입니다. 무당벌레에 대해 주제별로 잘 분류하여 설명하고 있습니다. 무당벌레에 대해 학습하며 각 문단의 내용을 파악해 보는 회차입니다.	월 일	독해 7문제 중 ___ 개 어법·어휘 12문제 중 ___ 개
23회	독서 기타	운동을 하자 글쓴이의 주장이 담긴 글입니다. 글쓴이의 주장은 무엇이고 그에 대한 근거는 어떤 게 있는지 확인해 보는 회차입니다.	월 일	독해 7문제 중 ___ 개 어법·어휘 10문제 중 ___ 개
24회	문학 동시	포도나무 포도 열매에 관한 시입니다. 비슷한 구절이 계속 반복되어 읽기 쉬운 시입니다. 순서와 내용을 잘 파악해 보도록 연습해 보는 회차입니다.	월 일	독해 7문제 중 ___ 개 어법·어휘 7문제 중 ___ 개
25회	문학 동화	바지가 짧아진 까닭 삶을 살아가는 데 있어서 중요한 교훈을 제시해주는 이야기입니다. 이야기를 읽고 무엇을 배울지 생각해 보고 적용해 보는 회차입니다.	월 일	독해 7문제 중 ___ 개 어법·어휘 7문제 중 ___ 개

21회

독서 | 설명문 | 관련교과 : 초등과학 4-1 3.식물의 한살이

공부한 날   월   일
시작 시간   시   분

독해력 1단계 21회
▲ QR코드를 찍으면
지문 읽기를 들을 수 있어요

(가) 노란색 모자를 쓴 것 같은 귀여운 친구를 알고 있나요? 바로 콩나물입니다. 콩나물은 어린이들을 튼튼하게 만들어 주는 데다가 맛도 있지요. 그래서 콩나물국, 콩나물 비빔밥, 콩나물**무침**① 같은 다양한 콩나물 요리가 있습니다. 이런 콩나물을 집에서도 키울 수 있다고 하는데요, 그 방법을 한 번 알아볼까요? (나)

(다) 먼저 콩나물로 키울 수 있는 콩이 무엇인지 알아야 합니다. 콩나물로 키울 수 있는 콩은 콩나물 콩, 쥐눈이콩, 서리태, 메주콩 등이 있습니다. 이 중 한 가지를 고릅니다. 그런 다음 콩을 물에 4시간 정도 담가 둡니다. 시간이 충분히 지나면 물이 잘 빠지는 통에 콩을 옮겨 담습니다. 그리고 하루에 6번 정도 물을 **넉넉히**② 줍니다. 이때 물은 **미지근한**③ 물이 좋습니다. 물이 너무 뜨거우면 콩이 썩을 수 있고, 너무 차가우면 콩나물이 느리게 자라기 때문입니다. (라)

콩나물을 키울 때에는 반드시 빛이 없는 어두운 곳에서 키워야 합니다. 빛을 막기 위해 통에다 검은 천을 씌우는 것이 좋습니다. 만약 햇빛을 받으면 노란색이 아닌 초록색 콩나물로 자라게 됩니다. 초록색 콩나물은 질기고 맛이 없습니다. 이렇게 2~3일 동안 빛을 막고 물을 열심히 주면 콩에서 줄기가 자라기 시작합니다. 그리고 5~6일이 지나면 맛있게 먹을 수 있는 콩나물로 자라게 됩니다. (마)

 어려운 낱말 풀이

① **무침** 채소나 말린 생선, 해초 등에 갖은 양념을 하여 무친 반찬
② **넉넉히** 모자라지 않고 여유 있게
③ **미지근한** 더운 기운이 조금 있는 듯한

1
중심
생각

이 글은 어떤 내용을 중심으로 썼나요? ────────────── [　　　]

① 콩나물을 먹는 방법

② 콩나물로 요리하는 방법

③ 콩나물을 보관하는 방법

④ 콩나물을 잘 키우는 방법

⑤ 콩나물을 요리할 때 조심해야 할 점

2
세부
내용

콩나물로 키울 수 있는 콩이 <u>아닌</u> 것은 무엇인가요? ────────── [　　　]

① 콩나물 콩　　　　　② 쥐눈이콩　　　　　③ 서리태

④ 새알콩　　　　　⑤ 메주콩

3
세부
내용

집에서 콩나물을 키우는 방법을 <u>잘못</u> 이야기한 친구는 누구인가요? ──────── [　　　]

① 민준 : 하루에 6번 정도 물을 줘야 해.

② 서연 : 콩을 물에 담가둔 다음 키워야 해.

③ 준서 : 물을 줄 때에는 미지근한 물을 줘야 해.

④ 예준 : 콩나물은 햇빛이 잘 드는 곳에서 키워야 해.

⑤ 현우 : 줄기가 나고 5~6일이 지나면 맛있게 먹을 수 있어.

4
세부
내용

콩나물을 키우는 순서대로 [보기]의 내용을 정리하세요.

[보 기]　㉠ 콩나물로 키울 수 있는 콩을 고른다.
　　　　　㉡ 하루에 여섯 번 정도 물을 준다.
　　　　　㉢ 콩을 물에 담가둔다.
　　　　　㉣ 물이 잘 빠지는 통에 콩을 담는다.

☐㉠ → ☐ → ☐ → ☐

5
구조
알기

이 글에서 [보기]의 내용이 들어갈 곳은 어디인지 고르세요. ────────── [　　　]

[보 기]　물의 온도는 사람의 체온과 비슷한 36도가 좋습니다.

① (　가　)　　② (　나　)　　③ (　다　)

④ (　라　)　　⑤ (　마　)

해설편 012쪽

6

내용
적용

콩나물에 물을 줄 때 미지근한 물을 줘야 하는 이유는 무엇인가요?

물이 너무 뜨거우면 콩이 ☐☐ 수 있고, 반대로

물이 너무 ☐☐☐☐ 콩나물이 느리게 자라기 때문에

콩나물을 기를 땐 미지근한 물을 줘야 합니다.

7

추론

콩나물은 어떤 곳에서 키워야 할까요? ································· [　　　]

①

②

③

④

⑤

21회 어법·어휘편

본문에 나온 어휘들만 따로 모아 복습하는 순서입니다.

[1단계] [보기]의 설명을 읽고 아래 문장에 알맞은 낱말을 고르세요.

> [보기] 담다 : 어떤 물건을 그릇 따위에 넣다.
>
> 담그다 : 어떤 물건을 액체 속에 넣다.

[1] 콩나물 콩을 고른 다음 콩을 물에 4시간 정도 (담는다 / 담가둔다).

[2] 시간이 지나면 물이 잘 빠지는 통에 콩을 옮겨 (담는다 / 담가둔다).

[3] 콩나물무침을 그릇에 (담았다 / 담갔다).

[4] 수영장에 발을 (담았다 / 담갔다).

[2단계] [보기]는 온도를 나타내는 말입니다. 온도가 높아지는 순서대로 정리해 보세요.

> [보기] 미지근하다   차갑다   따뜻하다
>
> 뜨겁다   시원하다

차갑다 → ☐ → ☐ → ☐ → 뜨겁다

[3단계] [보기]의 설명을 읽고 아래 문장에 알맞은 낱말을 써넣으세요.

> [보기] 반드시 : 꼭
>
> 반듯이 : 비뚤어지지 않고 바르게

[1] 콩나물은 ☐☐☐ 어두운 곳에서 키워야 한다.

[2] 내 방 청소를 하면서 책상 위의 물건들을 ☐☐☐ 정리했습니다.

시간 끝난 시간 ☐시 ☐분
1회분 푸는 데 걸린 시간 ☐분

채점 독해 7문제 중 ☐개
어법·어휘 9문제 중 ☐개

← 스스로 붙임딱지
문제를 다 풀고
맨 뒷장에 있는
붙임딱지를
붙여보세요.

22회

(가) 무당벌레는 날개에 점무늬 모양을 가지고 있으며, 그 모양과 색깔이 아주 다양해요. **무당**[1]처럼 **화려한**[2] 색을 하고 있기 때문에 무당벌레라는 이름을 얻게 되었어요. 크기는 5~7mm 정도로 아이 손톱과 비슷해요.

(나) 무당벌레는 1년 정도 살다가 죽는데, 죽기 전까지 한 달에서 세 달 **간격**[3]으로 알을 낳아요. 알은 한 번에 100개 정도를 낳는대요. 알의 모양은 노란 달걀 같은 모양을 하고 있으며, 멀리서 보면 노란 꽃처럼 보이기도 해요.

(다) 무당벌레는 자신을 보호하기 위해 여러 방법을 사용해요. 먼저 화려한 날개의 색으로 적에게 자신을 공격하지 말라고 경고해요. 어떨 땐, 죽은 척하면서 가만히 있기도 하지요. 하지만 이 방법으로 자신을 보호하지 못할 것 같다는 생각이 들면, **최후**[4]의 방법으로 노란색을 띤 독을 뿜어내요. 이 독은 냄새가 아주 **지독해서**[5] 적들이 쉽게 덤벼들지 못하게 만들어요.

(라) 무당벌레는 농부 아저씨들의 해결사이기도 해요. 밭에 가면 풀이나 채소, 꽃과 같은 식물에 붙어 식물을 병들게 하는 진딧물을 무당벌레가 먹기 때문이지요. 무당벌레는 하루에 진딧물을 백오십 마리 정도 먹는대요. 그래서 곤충계의 먹보라고 불린다고 하네요.

↑ 무당벌레의 모습

어려운 낱말 풀이

① **무당** 귀신을 섬겨 운이 좋고 나쁨을 점치고 굿을 하는 사람
② **화려한** 환하게 빛나며 곱고 아름다운 華빛날 화 麗고울 려-
③ **간격** 일이 벌어질 때, 그 사이 間사이 간 隔사이 뜰 격
④ **최후** 맨 마지막 最가장 최 後뒤 후
⑤ **지독해서** 맛이나 냄새가 참기 어려울 정도로 심해서 至이를 지 毒독 독-

1

중심
생각

이 글에서 가장 중심이 되는 낱말을 [보기]에서 찾아 동그라미 해 보세요.

[보 기]   무당벌레   진딧물   채소   날개   알

2

세부
내용

다음 중 무당벌레와 크기가 가장 비슷한 것을 고르세요. ------------------------------ [   ]

①

②

③

④

⑤

5주
22
회

해
설
편
0
1
2
쪽

3

세부
내용

무당벌레가 자신을 보호하기 위해 사용하는 방법이 <u>아닌</u> 것을 고르세요. ------------ [   ]

① 죽은 척하기

② 경고 보내기

③ 노란색 독 뿜기

④ 날개 색 바꾸기

⑤ 화려한 날개 색 보이기

4

구조
알기

이 글의 내용은 크게 넷으로 나뉩니다. 각 부분의 내용을 바르게 선으로 이어 보세요.

(가) •   • ㉠ 무당벌레의 자기 보호

(나) •   • ㉡ 무당벌레의 한살이①

(다) •   • ㉢ 무당벌레의 생김새

(라) •   • ㉣ 무당벌레의 좋은 점

🧻 어려운 낱말 풀이 ┃ ① **한살이** 태어나서 죽을 때까지의 시간

5 무당벌레가 농부 아저씨들의 해결사인 이유는 무엇인가요? ---------------------------- [   ]

세부
내용

① 많이 먹기 때문에

② 독을 뿜기 때문에

③ 알을 많이 낳기 때문에

④ 땡땡이 옷을 입었기 때문에

⑤ 식물을 병들게 하는 진딧물을 무당벌레가 먹기 때문에

6 무당벌레가 무당벌레라는 이름을 가지게 된 까닭은 무엇인가요?

내용
적용

무당벌레의 [ ][ ] 한 색깔이 [ ][ ] 과

닮았기 때문에 무당벌레라는 이름을 가지게 되었습니다.

7 다음 내용을 읽고, 농부 아저씨가 무당벌레에게 할 수 있는 말은 무엇인지 고르세요.

추론
---------------------------- [   ]

> 오늘도 농부 아저씨가 정성들여 키운 채소를 진딧물이 다 갉아먹었습니다. 진딧물
> 은 농부 아저씨의 골칫거리 중 하나였지요. 그런데 무당벌레가 와서 진딧물을 모두 먹
> 었습니다. 농부 아저씨는 무당벌레에게 말했습니다.
> "_____"

① 무당벌레야, 내가 새끼들을 돌봐줘야겠구나.

② 무당벌레야, 너의 독은 굉장히 냄새가 독하구나.

③ 무당벌레야, 네가 낳은 알 때문에 채소들이 시들어가고 있어.

④ 무당벌레야, 너의 날개는 정말 화려한 색을 지녔구나. 놀라워.

⑤ 무당벌레야, 네 덕분에 채소들이 건강하게 자랄 수 있게 되었어. 고마워.

[**1단계**] **아래의 낱말에 알맞은 뜻을 선으로 이어 보세요.**

[1] 화려하다 •   • ㉠ 맛이나 냄새가 참기 어려울 정도로 심하다

[2] 간격 •   • ㉡ 일이 벌어질 때, 그 사이

[3] 최후 •   • ㉢ 환하게 빛나며 곱고 아름답다

[4] 지독하다 •   • ㉣ 맨 마지막

[**2단계**] **아래 문장의 빈칸에 알맞은 낱말을 [보기]에서 찾아서 써넣으세요.**

[보 기]	간격	보호	경고	지독

[1] 무당벌레는 자신을 [ ][ ] 하기 위해 여러 방법을 사용해요.

[2] 무당벌레는 화려한 날개 색으로 적에게 [ ][ ]를 하기도 해요.

[3] 무당벌레는 한 달에서 세 달 [ ][ ]으로 알을 낳아요.

[4] 무당벌레의 독은 냄새가 아주 [ ][ ] 해요.

[**3단계**] **[보기]의 설명을 읽고 아래 문장에 알맞은 낱말을 써넣으세요.**

[보 기]	낳다 : 배 속의 아이, 새끼, 알을 몸 밖으로 내놓다.
	낫다 : 병이나 상처 따위가 고쳐지다.

[1] 우리 집 강아지가 새끼를 (낳았다 / 나았다).

[2] 넘어져서 무릎에 생긴 상처가 (낳았다 / 나았다).

[3] 어머니는 나를 (낳아 / 나아) 길렀다.

[4] 감기가 (낳는 / 낫는) 줄 알았는데 다시 심해졌다.

시간 **끝난 시간** [ ]시 [ ]분   채점 **독해** 7문제 중 [ ]개   ← 스스로 붙임딱지
1회분 푸는 데 걸린 시간 [ ]분   **어법·어휘** 12문제 중 [ ]개   문제를 다 풀고 맨 뒷장에 있는 붙임딱지를 붙여보세요.

23회

독서 | 논설문

공부한 날 [　] 월 [　] 일
시작 시간 [　] 시 [　] 분

독해력 1단계 23회
▲ QR코드를 찍으면
지문 읽기를 들을 수 있어요

　사람들은 **건강**①에 **관심**②을 기울입니다. 건강을 위해 다이어트를 하기도 하고, 몸에 좋다는 음식을 먹기도 합니다. 하지만 건강해지기 위한 가장 좋은 방법은 따로 있습니다. 바로 운동을 하는 것입니다.

　운동을 하면 **체력**③이 좋아집니다. 체력이 좋아지면 몸이 **가뿐해지고**④ **기운**⑤이 넘치게 됩니다. 사람들은 체력을 키우기 위해 몸에 좋다는 음식을 찾아 먹습니다. 하지만 아무리 몸에 좋은 음식을 먹어도 운동을 하지 않으면 몸이 그 음식을 우리 몸에 필요한 **영양분**⑥으로 충분히 이용할 수 없게 됩니다. 음식만으로는 체력을 키울 수 없습니다.

　운동을 하면 **스트레스**⑦도 줄일 수 있습니다. 스트레스는 건강의 가장 큰 적입니다. 아무리 건강하려고 노력해도 스트레스가 많으면 건강한 삶을 살기 힘듭니다. 운동을 하면 몸속의 스트레스가 줄어들기 때문에 건강을 위해선 운동을 해야 합니다.

　운동은 우리 몸의 체력을 좋게 만들어 주고 스트레스를 줄여 줘서 우리를 건강하게 해주는 좋은 활동입니다. 하지만 너무 심한 운동은 오히려 건강을 해칠 수도 있습니다. 따라서 **적당하고**⑧ **규칙적**⑨인 운동을 하는 습관을 가져야 합니다.

어려운 낱말 풀이

① **건강** 아무 탈이 없고 튼튼한 상태 健튼튼할 건 康편안할 강 ② **관심** 어떤 것들에 대해 끌리는 마음 關관계 관 心마음 심 ③ **체력** 몸으로 하는 일을 할 수 있는 몸의 힘 體몸 체 力힘 력 ④ **가뿐해지고** 몸의 상태가 가볍고 상쾌해지고 ⑤ **기운** 생물이 살아 움직이는 힘 ⑥ **영양분** 사람이 살아가는 데 필요한 물질 營경영할 영 養기를 양 分나눌 분 ⑦ **스트레스** 힘든 일 때문에 몸과 마음에 쌓이는 화 ⑧ **적당하고** 알맞은 適마땅할 적 當마땅할 당- ⑨ **규칙적** 일정한 질서를 따름 規법 규 則규칙 칙 的과녁 적

1

중심
생각

이 글에서 가장 자주 나오는 낱말 두 개를 찾아 동그라미 하세요.

[보 기]   사람   스트레스   건강   노력   운동   습관

2

중심
생각

이 글의 중심 내용은 무엇인가요? ────────────────────── [   ]

① 스트레스는 건강에 좋지 않다.

② 건강에 좋은 음식을 많이 먹자.

③ 건강을 위해 병원에 자주 가자.

④ 건강을 위해 적당한 운동을 하자.

⑤ 사람은 스트레스를 줄이기 힘들다.

3

추론

이 글은 어떤 종류의 글인가요? ──────────────────── [   ]

① 편지 글   ② 초대하는 글   ③ 관찰 내용을 쓴 글

④ 느낌을 쓴 글   ⑤ 생각을 말하는 글

4

세부
내용

이 글의 내용과 맞으면 ○표, 틀리면 ×표를 하세요.

[1] 운동을 하면 체력이 좋아진다. ──────────── [   ]

[2] 몸에 좋은 음식만 먹어도 체력이 좋아질 수 있다. ──── [   ]

[3] 운동을 하면 몸속의 스트레스가 줄어든다. ──── [   ]

[4] 운동은 심하게 할수록 좋다. ──────────── [   ]

5

구조
알기

아래 표의 빈칸을 채워 완성해 보세요.

글쓴이의 생각	평소에 적당한 □□ 을 하자.
그렇게 생각한 까닭	첫째, □□ 이 좋아진다.
	둘째, □□□□ 를 줄여준다.

5
주
23
회

해설편
013
쪽

6

음식만으로 체력을 키울 수 없는 까닭은 무엇인가요?

몸에 좋은 음식을 먹어도 운동을 하지 않으면 몸이 그 음식을

우리 몸에 ☐☐☐ ☐☐☐ 으로 충분히

이용할 수 없기 때문입니다.

7

글을 읽고 친구들이 이야기를 나누었습니다. 이 글의 내용에 맞지 <u>않는</u> 이야기를 하는 친구는 누구인가요? ·························· [   ]

① 정훈 : 정말로 요즘 사람들은 건강에 관심이 많은 것 같아.

② 승권 : 운동을 하면 스트레스가 줄어들 수 있다고 하네.

③ 윤혁 : 운동은 우리 몸에 체력이 생기게 도와주기도 해.

④ 혜진 : 나도 이제부턴 운동을 해야겠어.

⑤ 권재 : 운동보다는 맛있는 음식을 많이 먹는 게 건강에 최고야.

23회 어법·어휘편 본문에 나온 어휘들만 따로 모아 복습하는 순서입니다.

[**1**단계] 아래의 낱말에 알맞은 뜻을 선으로 이어 보세요.

[1] 관심 •　　　　　　　• ㉠ 아무 탈이 없고 튼튼한 상태

[2] 건강 •　　　　　　　• ㉡ 어떤 것들에 대해 끌리는 마음

[3] 적당한 •　　　　　　　• ㉢ 알맞은

[**2**단계] 아래 문장의 빈칸에 알맞은 낱말을 [보기]에서 찾아서 써넣으세요.

[보 기]　　　　　　관심　　　적당　　　습관

[1] 규칙적인 운동을 하는 ☐☐ 을 가져야 한다.

[2] ☐☐ 한 운동이 몸에 좋다.

[3] 사람들은 건강에 ☐☐ 이 많다.

[**3**단계] 아래 문장이 자연스럽도록 알맞은 낱말을 선으로 이어 보세요.

[1] 몸을 앞으로 •

[2] 운동하는 습관을 •　　　　　• ㉠ 기울이다.

[3] 어머니가 주신 돈을 •

[4] 건강에 노력을 •　　　　　　• ㉡ 가지다.

시간 끝난 시간 ☐ 시 ☐ 분　　채점 독해 7문제 중 ☐ 개

1회분 푸는 데 걸린 시간 ☐ 분　　어법·어휘 10문제 중 ☐ 개

◀ 스스로 붙임딱지
문제를 다 풀고
맨 뒷장에 있는
붙임딱지를
붙여보세요.

5
주
23
회

해설편 013쪽

24회

문학 | 동시

공부한 날 ☐월 ☐일

시작 시간 ☐시 ☐분

독해력 1단계 24회

▲ QR코드를 찍으면
지문 읽기를 들을 수 있어요

포도나무

어효선

포도가 **열렸다.**① 송이송이
포도가 **달렸다.**② 주렁주렁

포도가 **영근다.**③ 둥글둥글④
포도가 **익는다.**⑤ 새콤새콤

포도는 청포도 파란 구슬
하늘도 높아서 파란 물빛

포도알 포도알 보고 있으면
구슬치기 하고 싶다. 똑도그르르

1
중심
생각

이 시는 무엇을 중심으로 쓰여졌나요?

☐ ☐

 어려운 낱말 풀이

① **열렸다** 나무에 열매가 생겨났다
② **달렸다** 열매가 맺혀서 나무에 많이 붙어 있다
③ **영근다** 열매가 단단하게 잘 익어 간다
④ **둥글둥글** 매우 둥근 모양
⑤ **익는다** 열매가 속이 꽉 차게 잘 익다
('열렸다'와 '달렸다', 그리고 '영근다'와 '익는다'는 비슷한 의미의 낱말입니다. 하지만 낱말이 주는 문학적 느낌에서 차이가 있습니다.)

2 이 시와 가장 어울리는 장소를 고르세요. ─────────────────────── [   ]
요소

① 연못   ② 호수   ③ 교실

④ 놀이터   ⑤ 과수원^①

3 빈칸을 채워 이 시와 같은 내용의 줄글을 완성하세요.
세부
내용

> 오늘은 내가 가장 좋아하는 과일인 포도를 구경하러 갔다.
>
> 예쁜 포도들이 잘 자라고 있었다. 종류는 청포도라서
>
> 마치 ☐☐ ☐☐ 같았다. 포도알들을 보고 있으니까
>
> ☐☐☐☐ 가 하고 싶어졌다.

4 아래 문장을 뜻하는 낱말을 본문에서 찾아 그대로 쓰세요.
어휘
표현

> 잘 익는다

☐☐☐

5 이 시에서 포도의 모습이 표현된 순서를 알맞게 연결한 것을 고르세요. ─────── [   ]
작품
이해

① 포도가 달린 모습 → 포도가 영근 모습 → 포도가 열린 모습 → 포도가 익은 모습

② 포도가 익은 모습 → 포도가 열린 모습 → 포도가 영근 모습 → 포도가 달린 모습

③ 포도가 열린 모습 → 포도가 영근 모습 → 포도가 익은 모습 → 포도가 달린 모습

④ 포도가 열린 모습 → 포도가 달린 모습 → 포도가 영근 모습 → 포도가 익은 모습

⑤ 포도가 열린 모습 → 포도가 달린 모습 → 포도가 익은 모습 → 포도가 영근 모습

🧻 어려운 낱말 풀이 | ① **과수원** 과일 나무를 키우는 밭 果실과 과 樹나무 수 園동산 원

5주
24
회

해설편
0
1
3
쪽

5주 | 24회 **111**

6

어휘
표현

이 시를 읽은 친구들의 대화 중 옳지 <u>않은</u> 것을 고르세요. ------------------------------------- [   ]

① 소연 : 색깔을 나타내는 표현도 사용했어.

② 민주 : 나도 새콤새콤한 포도를 먹고 싶어.

③ 서현 : 흉내 내는 말들을 많이 사용했구나.

④ 가영 : 포도를 사람처럼 표현한 점이 참 좋은 것 같아.

⑤ 영희 : 포도알로 구슬치기를 하고 싶다는 표현이 참 재미있어.

7

추론
적용

말하는 이가 딸기를 보고 있다고 생각하고 사진을 알맞게 표현해 보세요.
(이 시의 두 번째 줄을 참고하세요.)

딸기가 ☐☐☐ · ☐☐☐

[1단계] 설명에 알맞은 낱말을 [보기]에서 찾아 쓰세요.

| [보 기] | 주렁주렁 | 둥글둥글 | 새콤새콤 |

[1] 맛이 살짝 신 느낌

[2] 열매가 많이 달려있는 모양

[3] 매우 둥근 모양

[2단계] 위에서 배운 낱말을 아래의 빈칸에 넣어 문장을 완성하세요.

[1] 나무에는 먹음직한 열매들이 　　　　 달려 있었어요.

[2] 세모는 뾰족한 도형이지만 동그라미는 　　　　 한 도형이에요.

[3] 레몬 맛 주스를 마시자 입안에서 　　　　 한 맛이 났어요.

[3단계] [보기]의 설명을 읽고 다음 중 낱말이 잘못 쓰인 것을 고르세요. ┈┈┈ [　　　]

| [보 기] 열리다 : 열매가 생겨나다.
달리다 : 물건이 매달려 있다. |

① 포도가 포도나무에 열려 있었어요.

② 지붕 끝에 고드름이 열려 있었어요.

③ 사과나무에 사과가 열려 있었어요.

④ 흥부네 지붕에 커다란 박이 열려 있었어요.

시간 끝난 시간 　시 　분
1회분 푸는 데 걸린 시간 　분

채점 독해 7문제 중 　개
어법·어휘 7문제 중 　개

← 스스로 붙임딱지
문제를 다 풀고
맨 뒷장에 있는
붙임딱지를
붙여보세요.

25회

문학 | 동화

공부한 날 ☐월 ☐일
시작 시간 ☐시 ☐분

독해력 1단계 25회
▲ QR코드를 찍으면
지문 읽기를 들을 수 있어요

옛날이야기에는 효도와 관련된 재미난 이야기들이 많습니다. 지금부터 읽게 될 이야기도 효도와 관련된 재미난 이야기입니다.

옛날에 딸 셋을 둔 한 **선비**^①가 살고 있었습니다. 어느 날 장터에 간 선비는 멋진 바지를 한 벌 사게 되었습니다. 그런데 집에 돌아와서 바지를 입어 보니 바지가 너무 길었습니다.

"이런, 바지가 너무 길어서 땅에 질질 끌리는 군. 딱 한 **뼘**^②만 줄이면 좋겠는데."

선비는 딸 셋을 부르고는 **헛기침**^③을 하고는 바지를 보여주며 말했습니다.

"누군가가 내일까지 이 바지를 한 뼘만 줄여 줬으면 좋겠구나, 부탁하마."

선비가 말하자 딸들은 모두 입을 모아 알겠다고 대답하였습니다.

다음 날 선비는 밖으로 나갈 준비를 하며 바지를 입어보았습니다. 그런데 바지를 입어 본 선비는 깜짝 놀랐습니다. 바지가 너무 짧아서 무릎이 보일 정도였기 때문입니다.

"아니, 이럴 수가! 바지가 왜 이렇게 짧아진 거지?"

선비는 딸 셋을 모두 불러놓고 말했습니다.

"얘들아, 내가 분명 바지를 딱 한 뼘만 줄여 달라고 했는데, 이것 좀 봐라. 이렇게 바지가 짧아졌구나. 도대체 어찌된 까닭이냐?"

그러자 첫째 딸이 말했습니다.

"아버지, 정말 이상하네요. 제가 분명히 어젯밤에 바로 딱 한 뼘만 줄여 놓았거든요."

첫째 딸이 말을 끝내자, 둘째 딸이 당황한 표정으로 말했습니다.

"어머나, 이를 어쩌면 좋지…. 전 그런 줄도 모르고 오늘 새벽에 바지를 한 뼘 줄여 버렸어요."

이번에는 막내딸이 눈물을 글썽거리며 말했습니다.

"아버지, 정말 죄송해요. 저도 아무 것도 모르고 오늘 아침에 또 한 뼘을 줄여버렸어요. 그래서 바지가 너무 짧아졌나 봐요."

세 딸들은 모두 아버지께 죄송하다고 했습니다. 그리고 서로 자신의 탓만 하며 다른 언니나 동생을 감싸주기 시작했습니다.

그 광경을 보던 선비는 (㉠) 딸들에게 말했습니다.

"허허허. 누구의 잘못도 아니니 괜찮다 얘들아. ㉡ 지금 보니 다른 사람들이 어찌 볼지는 몰라도 이 바지야말로 나에게 최고의 바지로구나. 정말 고맙다 얘들아."

-전래동화 「 ㉮ 」

1
중심생각

빈칸 ㉮에 알맞은 제목을 지어 보세요.

☐☐ 가 ☐☐ 진 까닭

2
세부내용

이야기를 읽고 세 딸이 아버지의 바지를 줄인 때를 선으로 연결하세요.

(1) 첫째 딸 •   • ㉠ 오늘 새벽

(2) 둘째 딸 •   • ㉡ 어젯밤

(3) 막내딸 •   • ㉢ 오늘 아침

3
세부내용

이 이야기에 나오지 않는 내용은 무엇인지 두 가지를 고르세요. ············ [,   ]

① 이 선비가 놀란 까닭

② 이 선비가 세 딸을 부른 까닭

③ 이 선비가 바지를 줄이려 한 까닭

④ 이 선비가 바지를 새로 지은 까닭

⑤ 이 선비가 밖으로 나가서 만나려는 사람

어려운 낱말 풀이   ① **선비** 조선시대의 벼슬 중 하나
② **뼘** 엄지손가락과 다른 손가락을 완전히 펴서 벌렸을 때의 길이
③ **헛기침** 일부러 하는 기침

4 이 선비가 밑줄 친 ⓒ처럼 말한 까닭을 고르세요. ----------------------------------- [   ]

작품
이해

① 세 딸들의 정성에 감동을 받았기 때문이다.

② 세 딸들을 골탕 먹이려는 생각 때문이다.

③ 세 딸들이 바지를 다시 고쳐 놓았기 때문이다.

④ 세 딸들에게 다시 부탁을 하려고 했기 때문이다.

⑤ 세 딸들에게 화가 났으나 억지로 화를 참으려 했기 때문이다.

5 이야기의 내용으로 보아 빈칸 ⓐ에 들어갈 말로 알맞은 것은 무엇일까요? -------- [   ]

작품
이해

① 웃으며

② 깜짝 놀라며

③ 크게 화내며

④ 억울해하며

⑤ 고통스러워하며

6 세 딸들이 이 선비에게 용서를 빌었던 까닭은 무엇인가요? ------------------------- [   ]

추론
적용

① 바지를 너무 짧게 줄여놓았기 때문이다.

② 이 선비에게 서로 거짓말을 했기 때문이다.

③ 바지를 제 시간에 줄여놓지 못했기 때문이다.

④ 이 선비의 말에 대답을 하지 않았기 때문이다.

⑤ 서로 싸워서 이 선비의 마음을 아프게 했기 때문이다.

7 아버지의 바지는 부탁했던 길이에서 얼마나 더 짧아졌을까요? ----------------- [   ]

추론
적용

① 한 뼘   ② 두 뼘   ③ 세 뼘

④ 네 뼘   ⑤ 다섯 뼘

[1단계] 아래의 낱말에 알맞은 뜻을 선으로 이어 보세요.

[1] 뼘 •

[2] 질질 •

[3] 헛기침 •

• ㉠ 바닥에 늘어지거나 닿아서 느리게 끌리는 소리나 모양

• ㉡ 일부러 하는 기침

• ㉢ 엄지손가락과 다른 손가락을 완전히 펴서 벌렸을 때의 길이

[2단계] 빈칸에 알맞은 낱말을 [보기]에서 골라 쓰세요.

[보기] 뼘 질질 헛기침

[1] 이 옷의 소매를 한 [   ] 정도만 줄일 수 있을까요?

[2] 갑자기 아버지께서 '에헴!' 하고 [   ] 을 하셨다.

[3] 가방끈이 너무 길어서 가방이 [   ] 끌리네.

[3단계] 아래에서 '뼘'으로 측정하기에 가장 적절하지 <u>않은</u> 것을 고르세요. ···· [   ]

① 교과서의 세로 길이 ② 팔의 길이

③ TV의 가로 길이 ④ 식탁의 둘레

⑤ 지우개의 둘레

시간 끝난 시간 [   ]시 [   ]분   채점 독해 7문제 중 [   ]개
1회분 푸는 데 걸린 시간 [   ]분   어법·어휘 7문제 중 [   ]개

 스스로 붙임딱지
문제를 다 풀고 맨 뒷장에 있는 붙임딱지를 붙여보세요.

5
주
25
회

해설편 014쪽

달팽이는 어떻게 키울까요?

미끌미끌하고 촉촉한 달팽이를 키우는 방법을 알아봅시다.

달팽이의 집은 플라스틱 통에 구멍을 뚫어 만듭니다. 달팽이가 숨을 쉬기 위해서는 구멍이 꼭 필요합니다. 바닥에는 물기가 많은 톱밥을 깔아줍니다. 달팽이는 축축한 곳에서 살기 때문에, 습도를 유지하기 위해 넣어 주는 것입니다.

달팽이는 수분이 많은 채소를 좋아합니다. 상추나 오이, 토마토 등을 잘게 잘라 주면 맛있게 먹습니다. 감자나 옥수수, 쌀 같은 곡물을 반죽처럼 만들어 주어도 좋습니다. 달팽이의 껍데기가 단단해질 수 있도록 달걀 껍데기를 잘게 부숴서 넣어 주는 것도 잊으면 안 됩니다.

달팽이의 집은 주기적으로 청소해 주어야 합니다. 달팽이의 배설물 때문에 집이 더러워지기 때문입니다. 4~5일에 한 번씩 플라스틱 통을 깨끗이 닦고 새로운 톱밥을 깔아 줍니다.

아주 작지만 달팽이도 살아있는 생명입니다. 애정과 책임감을 가지고 달팽이를 소중히 돌봐줍시다.

수분 물기 水물 수 分나눌 분

주기 일정한 간격을 두고 되풀이하는 기간 週돌 주 期기약할 기

애정 사랑하는 마음 愛사랑 애 情뜻 정

6주차

한 주 간의 계획을 먼저 세워보세요. 매일 학습을 마친 후 맞힌 문제의 개수를 쓰세요!

회차	영역	학습 내용	학습계획일	맞은 문제수
26회	독서 국어	**방정환** 방정환에 관한 전기문입니다. 방정환에 대해 알아보고 전기문의 특징을 파악해 보는 회차입니다.	월 일	독해 7문제 중 개 어법·어휘 9문제 중 개
27회	독서 사회	**의사소통 수단** 의사소통 수단에 관한 글입니다. 다양한 의사소통 수단을 유형별로 알아보고 분류하며 읽는 것을 연습해 보는 회차입니다.	월 일	독해 7문제 중 개 어법·어휘 9문제 중 개
28회	독서 기타	**이모의 편지** 이모가 조카에게 보내는 편지글입니다. 편지를 읽고 내용을 파악해 보고, 편지글의 특징을 정리해 보는 회차입니다.	월 일	독해 7문제 중 개 어법·어휘 10문제 중 개
29회	문학 동요	**나비야** 봄의 풍경과 나비를 묘사한 동요입니다. 동요의 가사에 사용된 표현법들을 익혀 보는 회차입니다.	월 일	독해 7문제 중 개 어법·어휘 8문제 중 개
30회	문학 동화	**황소와 도깨비** 우리나라 대표 작가 이상 선생님이 쓰신 동화입니다. 도깨비의 부탁은 무엇인지, 그리고 어떤 일이 일어나는지 잘 살펴 보면서 독해하는 회차입니다.	월 일	독해 7문제 중 개 어법·어휘 8문제 중 개

독서 | 전기문

26회

공부한 날 [ ]월 [ ]일
시작 시간 [ ]시 [ ]분

독해력 1단계 26회
▲ QR코드를 찍으면
지문 읽기를 들을 수 있어요

"5월은 푸르구나 우리들은 자란다, 5월은 어린이날 우리들 세상." 어린이들이 항상 **손꼽아 기다리는**① 어린이날 노래의 가사입니다. 이 어린이날을 만든 분이 바로 방정환 선생님입니다.

방정환 선생님은 1899년에 태어났습니다. 아버지의 일이 실패하면서 가난하게 살아야 했습니다. 다행히 마음씨 좋은 고모가 도와주었지만 집안이 어려워 학교를 스스로 그만두어야 했습니다. 학교를 그만둔 후 방정환 선생님은 **천도교**②에서 일을 했습니다. 그곳에서 모든 사람은 **평등**③하

다는 천도교의 가르침을 배웠습니다. 그리고 그러한 ㉠ 가르침을 통해 어린이 운동에 힘쓰기 시작했습니다.

방정환 선생님은 1922년에 처음으로 5월 1일을 '어린이날'로 만들었고, 1923년 3월에는 아이들을 위한 **잡지**④인 《어린이》를 만들었습니다. 또한 어린이들을 **존중**⑤하는 분위기를 만들기 위해 힘썼습니다. 당시만 해도 어린이들은 존중받지 못했고, 많은 어린이들이 가난과 굶주림에 시달렸기 때문입니다.

한편, 방정환 선생님은 어린이를 위한 동화를 짓기도 했습니다. 어려운 환경 속에서도 어린이들이 **동심**⑥을 되찾고 밝게 자라날 수 있도록 꿈과 희망을 주기 위해서였습니다.

방정환 선생님은 1931년 33세의 젊은 나이에 세상을 떠났습니다. 돌아가실 때까지도 어린이들을 걱정했습니다. "어린이를 두고 가니 잘 부탁한다."라는 **유언**⑦을 남겼습니다.

 **어려운 낱말 풀이** | ① **손꼽아 기다리는** 몹시 기다리는 ② **천도교** 사람이 하늘처럼 고귀하다는 가르침을 가진 우리나라 종교 天하늘 천 道길 도 敎가르칠 교 ③ **평등** 모든 사람을 똑같다고 생각하는 것 平평평할 평 等가지런할 등 ④ **잡지** 여러 가지 내용을 담고 규칙적으로 나오는 책 雜섞일 잡 誌기록할 지 ⑤ **존중** 높이어 귀중하게 여김 尊높을 존 重무거울 중 ⑥ **동심** 어린이의 순수하고 맑은 마음 童아이 동 心마음 심 ⑦ **유언** 죽기 전에 남기는 말 遺남길 유 言말씀 언

1
중심
생각

누구에 관한 글인가요?

☐☐☐

2
추론

이 글은 어떤 종류의 글인가요? ———————————————————— [　　　]

① 편지　　　　　　　② 초대장　　　　　　　③ 알림장
④ 독후감^①　　　　　⑤ 위인전^②

3
중심
생각

방정환 선생님은 누구를 위한 활동을 하셨나요?

☐☐☐

4
어휘
표현

밑줄 친 ㉠의 내용은 무엇인가요? ———————————————————— [　　　]

① 5월은 푸르구나.
② 아무리 가난해도 배워야 한다.
③ 모든 사람은 평등하다.
④ 어린이를 존중해야 한다.
⑤ 어린이를 두고 가니 잘 부탁한다.

5
세부
내용

글에 나와 있지 <u>않은</u> 내용은 무엇인가요? ———————————————————— [　　　]

① 언제 태어났는지?
② 아버지의 이름은 무엇인지?
③ 어떤 종교에서 일했는지?
④ 돌아가시면서 어떤 말을 남겼는지?
⑤ 어린이들을 위해 어떤 활동을 했는지?

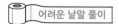 어려운 낱말 풀이

① **독후감** 책을 읽고 자신의 생각과 느낌을 쓴 글 讀읽을 독 後뒤 후 感느낄 감
② **위인전** 훌륭한 사람에 대한 이야기를 전하는 글 偉훌륭할 위 人사람 인 傳전할 전

6 글의 내용과 가장 거리가 먼 이야기를 한 친구는 누구인가요? ------------------------------- [   ]

내용
적용

① 지훈 : 어린이를 위해 힘쓴 방정환 선생님께 정말 감사해.

② 세경 : 방정환 선생님은 어린 시절을 가난하게 보내셨구나.

③ 정음 : 어린이날은 처음부터 5월 5일이었구나.

④ 윤혁 : 방정환 선생님은 어린이들을 위해 잡지나 동화도 만드셨구나.

⑤ 신애 : 예전에 어린이들은 존중받지 못하고 어려운 삶을 살고 있었구나.

7 아래 글을 빈칸을 채워 완성해 보세요.

구조
알기

방정환 선생님은 ☐☐☐ 날을 만드신 분이다.

방정환 선생님은 ☐☐☐ 라는 종교에서 일하시면서,

모든 사람은 ☐☐ 하다는 가르침을 배우셨다.

그리고 어린이들을 ☐☐ 하는 분위기를 만들기 위해 힘쓰셨다.

배경지식 더하기

어린이날 노래는 누가 만들었을까요?

어린이날은 1922년에 방정환 선생님이 만들었어요. 하지만 방정환 선생님이 어린이날 노래까지 만든 건 아니에요. 어린이날 노래 가사는 우리나라가 일본에게 해방된 이후에 만들어졌어요. 1948년 작곡가 윤극영 선생님이 노래를 만들었고, 노랫말은 윤석중 선생님이 썼어요. 윤극영 선생님은 우리나라 말로 처음 만들어진 동요인 〈반달〉을 만드신 분이기도 해요.

↑ 젊었을 때 윤극영 선생님 사진

26회 어법·어휘편
본문에 나온 어휘들만 따로 모아 복습하는 순서입니다.

[1단계] **아래의 낱말에 알맞은 뜻을 선으로 이어 보세요.**

[1] 평등 •　　　　　　　　　• ㉠ 어린이의 순수하고 맑은 마음

[2] 동심 •　　　　　　　　　• ㉡ 모든 사람을 똑같다고 생각하는 것

[3] 존중 •　　　　　　　　　• ㉢ 높이어 귀중히 여김

[2단계] **아래 문장의 빈칸에 자연스러운 낱말을 [보기]에서 찾아서 써넣으세요.**

[보 기]	손꼽아	스스로	마음씨

[1] ☐☐☐ 좋은 고모가 가난한 방정환 선생님을 도왔습니다.

[2] 어린이날은 어린이들이 ☐☐☐ 기다리는 날입니다.

[3] 방정환 선생님은 가난해서 ☐☐☐ 학교를 그만두어야 했습니다.

[3단계] **[보기]의 설명을 읽고 아래 문장에 알맞은 낱말을 선으로 이으세요.**

> [보 기] 손꼽아 기다리다 : 다가올 날을 기대해 날짜를 세며 기다리다
> 힘쓰다 : 노력하다
> 돌아가시다 : 나이 많은 어른이 죽다

[1] 방정환 선생님은 어린이 운동에 •　　　　　• ㉠ 손꼽아 기다렸다.

[2] 생일잔치를　　　　　　　　　•　　　　　• ㉡ 돌아가셨습니다.

[3] 방정환 선생님은 젊은 나이에 •　　　　　• ㉢ 힘썼습니다.

시간 　**끝난 시간** ☐시 ☐분
　　　1회분 푸는 데 걸린 시간 ☐분

채점 　**독해** 7문제 중 ☐개
　　　어법·어휘 9문제 중 ☐개

← 스스로 붙임딱지
문제를 다 풀고
맨 뒷장에 있는
붙임딱지를
붙여보세요.

독서 | 설명문 | 관련교과 : 초등사회3-1 3.교통과 통신 수단의 변화

27회

공부한 날 [ ]월 [ ]일
시작 시간 [ ]시 [ ]분

독해력 1단계 27회
▲ QR코드를 찍으면
지문 읽기를 들을 수 있어요

　사람들은 언제나 생각이나 **정보**^①를 주고받습니다. 이것을 의사소통이라고 합니다. 가까운 곳에 있는 사람과 의사소통을 하기 위해선 직접 만나면 됩니다. 하지만 먼 곳에 떨어져 있는 사람과 의사소통을 하기 위해선 의사소통 **수단**^②이 필요합니다.

　그렇다면 의사소통 수단에는 어떤 것들이 있을까요? 현재 가장 많이 사용되는 대표적인 의사소통 수단은 모두 세 가지입니다.

　첫 번째 의사소통 수단으로 전화가 있습니다. 전화는 전화선으로 연결된 사람들과 통화를 하면서 의사소통을 할 수 있게 해줍니다. 요즘은 휴대 전화를 가지고 이동하면서 다른 사람과 의사소통을 할 수 있습니다. 다음 의사소통 수단으로 편지가 있습니다. 편지에 전하고 싶은 소식이나 정보를 적은 다음 우체국에서 부치면 다른 사람에게 **전달**^③할 수 있습니다. 현재에는 인터넷을 통해 전달하는 전자 **우편**^④을 더 많이 사용합니다. 마지막으로 팩시밀리가 있습니다. 팩시밀리는 팩시밀리라는 기계를 통해 멀리 떨어진 곳에 있는 사람과 그림, 문자 등을 주고받을 수 있는 의사소통 수단입니다.

⬆ 팩시밀리는 전화선을 이용해 문서나 그림을 주고
받을 수 있는 기계입니다.

어려운 낱말 풀이

① **정보** 어떤 것들에 관한 소식이나 자료 情뜻 정 報갚을 보
② **수단** 어떤 목적을 이루기 위한 방법 手손 수 段구분 단
③ **전달** 어떤 내용을 다른 사람이나 다른 곳에 전하는 것 傳전할 전 達이를 달
④ **우편** 편지 등을 어딘가로 보내는 것 郵우편 우 便편할 편

1

중심
생각

이 글에서 가장 중심이 되는 내용은 무엇인지 고르세요. ───────────── [   ]

① 의사소통은 무엇일까요?

② 전화는 어떻게 사용할까요?

③ 편지에는 무엇을 적어야 할까요?

④ 전화와 팩시밀리는 어떤 차이가 있을까요?

⑤ 의사소통 수단에는 어떠한 것들이 있을까요?

2

중심
생각

빈칸을 채워 이 글의 알맞은 제목을 지어 보세요.

대표적인 ☐☐☐☐ ☐☐

3

세부
내용

아래의 문장 중 옳은 설명은 ○, 그렇지 않은 설명은 ×표를 하세요.

[1] 전화는 전화선으로 연결된 사람들과 의사소통을 할 수 있게 해준다. ───── [   ]

[2] 이동하면서 의사소통을 할 수 있는 전화는 팩시밀리이다. ───────── [   ]

[3] 현재는 전자 우편보다 편지를 더 많이 사용한다. ─────────────── [   ]

4

구조
알기

아래의 표는 이 글을 정리한 것입니다. 빈칸을 채워 보세요.

☐☐☐☐ 이란?

↓

☐☐☐☐ 의 세 가지 ☐☐

첫 번째 수단	두 번째 수단	세 번째 수단
☐☐	☐☐	팩시밀리

5
어휘
표현

[보기]에서 설명하는 낱말은 무엇인지 고르세요. ┄┄┄┄┄┄┄┄┄┄┄┄┄┄┄┄┄┄ [   ]

> [보기] 어떤 것들에 관한 소식이나 자료

① 정보   ② 전달   ③ 수단

④ 우편   ⑤ 문자

6
내용
적용

아래 문장의 빈칸에 들어갈 알맞은 낱말을 [보기]에서 찾아 각각 ○표 하세요. (2개)

> 의사소통이란 사람들이 ☐☐ 이나 ☐☐ 를 주고받는 것을 말합니다.

> [보기]   물건   건강   병균   건물   정보   생각

7
추론

아래 사진에 대한 학생들의 설명 중 알맞은 것을 고르세요. ┄┄┄┄┄┄┄┄┄┄┄┄ [   ]

① 민정 : 기계를 이용해 의사소통을 하고 있으니, 저 건 팩시밀리일거야.

② 용진 : 이동하면서 의사소통을 하고 있으니 저건 휴대 전화야.

③ 수진 : 요즘은 저것보다 편지를 더 많이 사용하지 않을까?

④ 정민 : 저 기계로는 가까이 있는 사람하고만 의사 소통을 할 수 있을 거야.

⑤ 혜경 : 저건 의사소통 수단이 아니야.

[1단계] 아래의 낱말에 알맞은 뜻을 선으로 이어 보세요.

[1] 정보 •   • ㉠ 어떤 것들에 관한 소식이나 자료

[2] 수단 •   • ㉡ 편지 등을 어딘가로 보내는 것

[3] 우편 •   • ㉢ 어떤 목적을 이루기 위한 방법

[2단계] 아래 문장의 빈칸에 알맞은 낱말을 [보기]에서 찾아서 써넣으세요.

[보 기]   정보   수단   우편

[1] ☐☐ 과 방법을 가리지 말고 그 일을 성공해야 한다.

[2] 요즘은 인터넷을 통해 필요한 ☐☐ 를 많이 얻는다.

[3] 외국에 있는 동생에게 항공 ☐☐ 으로 소포를 보냈다.

[3단계] 낱말 뜻을 읽고 십자말풀이의 빈칸을 채워 보세요.

[1]
결 ↓ 그렇게 하기로 마음을 정함
중 ☐
→ 사물의 한가운데

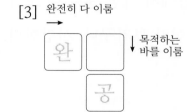

[2]
광 ↓ 밝고 환함
설 ☐
→ 어떤 내용을 잘 알 수 있게 밝혀 말하는 것

[3] 완전히 다 이룸 →
완 ☐ ↓ 목적하는 바를 이룸
공

6주 27회 해설편 015쪽

시간 끝난 시간 ☐시 ☐분

1회분 푸는 데 걸린 시간 ☐분

채점 독해 7문제 중 ☐개

어법·어휘 9문제 중 ☐개

← 스스로 붙임딱지
문제를 다 풀고 맨 뒷장에 있는 붙임딱지를 붙여보세요.

28회

독서 | 편지글 | 관련교과 : 초등국어 2-1 5.낱말을 바르고 정확하게 써요.

공부한 날 ☐월 ☐일
시작 시간 ☐시 ☐분

1단계 28회 26쇄
▲ QR코드를 찍으면
지문 읽기를 들을 수 있어요

사랑스러운 우리 조카, 이예원에게

우리 예원이가 **학예회**에서 피아노 **연주**를 아주 잘해서 상을 받았다면서? 엄마에게 소식을 듣고 이모도 얼마나 기뻤는지 모른단다. 엄마가 보내준 학예회 동영상을 봤는데 못 본 새 키도 훌쩍 컸더구나.

솜털같이 아기 같기만 하던 우리 예원이가 바른 어린이로 **성장**하는 모습을 보니 뿌듯하고 **대견하다.**

학교생활도 잘하고 있겠지?

선생님 말씀 잘 듣고, 친구들을 **배려**하고 양보하면서 지내라. 아침에 허둥지둥 알림장 잊어버리지 말고 숙제도 꼭 해 가고. 이모는 예원이가 잘 할 거라고 믿어.

이 달 말쯤 이모가 서울로 올라가게 되면 행복한 추억 많이 만들자. 서울 **근처**로 놀러 가고 싶은데 어디가 좋겠니? 예원이가 이모에게 답장을 쓸 때 가고 싶은 곳 있으면 꼭 말해 주렴. 기다리고 있을게. 그럼 그때까지 몸 건강히 잘 있어.

이모가 울산에 일하러 와 있느라 예원이를 자주 보지 못하네.

빨리 보고 싶다.

세상에서 가장 예쁜 내 조카 예원아,

보름 이따 보자꾸나. 사랑한다.

예원이를 너무나 사랑하는

이모 정진아 씀

어려운 낱말 풀이
① **학예회** 학습 발표회 學배울 학 藝재주 예 會모일 회 ② **연주** 악기를 다루어 곡을 표현하거나 들려주는 일 演펼 연 奏아뢸 주 ③ **소식** 멀리 떨어져 있는 사람의 사정을 알리는 말, 글 消사라질 소 息쉴 식
④ **성장** 사람이나 동식물이 자라서 점점 커짐 成이룰 성 長길 장 ⑤ **대견하다** 흐뭇하고 자랑스럽다
⑥ **배려** 도와주거나 보살펴 주려고 마음을 씀 配나눌 배 慮생각할 려 ⑦ **근처** 가까운 곳 近가까울 근 處곳 처
⑧ **보름** 15일

1
중심
생각

이 편지를 쓴 이유는 무엇인가요? ─────────────────── [   ]

① 조카를 혼내기 위해

② 조카의 편지를 잃어버려서

③ 자기의 소식과 조카를 보고 싶은 마음을 전하려고

④ 학예회에 필요한 물건을 구하기 위해서

⑤ 피아노 연주 동영상을 다시 보내달라고 말하기 위해서

2
세부
내용

예원이는 어떤 것을 잘해서 학예회에서 상을 받았나요? ────── [   ]

①

②

③

④

⑤

3
세부
내용

편지에 나타난 이모의 마음이 <u>아닌</u> 것은 무엇인가요? ────── [   ]

① 조카가 보고 싶다.

② 조카가 대견스럽다.

③ 편지를 길게 쓰기가 귀찮다.

④ 조카와 함께 놀러 가고 싶다.

⑤ 조카를 자주 만나고 싶다.

4
어휘
표현

다음 설명하는 낱말을 본문에서 찾아 쓰세요.

흐뭇하고 자랑스럽다

5 다음 중 이 편지에 들어있지 <u>않은</u> 것에 ×표를 해 보세요.

구조
알기

[보 기]

하고 싶은 말   보낸 날짜

받는 사람   보낸 사람

첫인사   끝인사

6 예원이가 이모에게 답장을 보내려고 합니다. 편지 봉투의 빈칸을 채워 봅시다.

내용
적용

보내는 사람

☐ ☐ 시 ○○구 ○○로

☐ ☐ ☐

1 2 3 4 5

받는 사람

☐ ☐ 시 ○○구 ○○로

☐ ☐ ☐

5 4 3 2 1

우표
붙이는 곳

7 편지의 내용으로 미루어 알 수 있는 사실에는 ○표를, 알 수 없는 사실에는 ×표를 해 봅시다.

추론

(1) 예원이에게는 언니나 동생이 있다. ----------------------- [   ]

(2) 예원이 이모는 울산에서 일하고 계신다. ------------------- [   ]

(3) 예원이는 울산에 살고 있다. ----------------------------- [   ]

(4) 예원이는 피아노를 잘 친다. ----------------------------- [   ]

(5) 학교에는 알림장을 꼭 가져가야 한다. -------------------- [   ]

[**1단계**]   아래의 낱말에 알맞은 뜻을 선으로 이어 보세요.

[1] 학예회 •   • ㉠ 도와주거나 보살펴 주려고 마음을 씀

[2] 배려   •   • ㉡ 가까운 곳

[3] 성장   •   • ㉢ 사람이나 동식물이 자라서 점점 커짐

[4] 근처   •   • ㉣ 학습 발표회

[**2단계**]   아래 문장의 빈칸에 알맞은 낱말을 [보기]에서 찾아서 써넣으세요.

[보기]	학예회	배려	성장	근처

[1] 친구들을 [   ] 하고 양보하면서 지내라.

[2] 예원이가 바른 어린이로 [   ] 하는 모습을 보니 뿌듯하구나.

[3] 내일은 학부모를 모시고 [   ] 를 하는 날이다.

[4] 서울 [   ] 로 놀러가고 싶은데 어디가 좋겠니?

[**3단계**]   낱말에 대한 설명을 읽고 빈칸에 알맞은 말을 쓰세요.

> [보기]   모래 : 작게 부서진 돌 부스러기
> 모레 : 내일의 다음 날

[1] [ ][ ] 가족들과 바닷가에 놀러 가기로 했어요.

[2] 바닷가에 있는 [ ][ ] 는 부드러워서 좋아요.

시간   **끝난 시간** [ ]시 [ ]분   채점   **독해** 7문제 중 [ ]개   ← 스스로 붙임딱지

1회분 푸는 데 걸린 시간 [ ]분   **어법·어휘** 10문제 중 [ ]개   문제를 다 풀고 맨 뒷장에 있는 붙임딱지를 붙여보세요.

6주 | 28회   131

나비야

나비야. 나비야. 이리 날아오너라.

노랑나비 흰나비 춤을 추며 오너라.

봄바람에 꽃잎도 방긋방긋 웃으며

참새도 짹짹짹 노래하며 춤춘다.

유튜브에서 동요를 들어보세요.

나비야 🔍

https://www.youtube.com/watch?v=YwsU7_j_RKo

1 이 노랫말에서 가장 중심이 되는 것은 무엇인가요? ----------------------------------- [   ]

중심
생각

①    ②    ③

④    ⑤

2
요소

노래하는 이는 무엇을 하고 있나요? ────────────────────── [　　　]

① 나비를 잡고 있다.

② 나비를 부르고 있다.

③ 나비를 쫓아내고 있다.

④ 나비에게 먹이를 주고 있다.

⑤ 봄바람이 시원해 웃음을 짓고 있다.

3
세부
내용

이 노래와 어울리는 계절은 무엇인가요? ────────────────── [　　　]

① 봄　　　　　　　② 여름　　　　　　　③ 가을　　　　　　　④ 겨울

4
어휘
표현

다음은 이 노래에서 무엇을 흉내 내는 말인지 각각 선으로 이어 보세요.

(1) 방긋방긋 •

(2) 짹짹짹 •

• ㉮ 참새가 춤추며 부르는 노랫소리

• ㉯ 흰나비가 춤추며 부르는 노랫소리

• ㉰ 노랑나비가 춤을 추는 모습

• ㉱ 꽃잎이 봄바람에 가볍게 흔들리는 모습

5
작품
이해

이 노래와 어울리는 생각이나 느낌을 고르세요. ────────────── [　　　]

① 즐거운 봄날의 느낌

② 부모님께 고마운 생각

③ 속상했던 일에 대한 느낌

④ 보고 싶은 사람에 대한 생각

⑤ 앞으로 일어날 일에 대한 기대

6

작품 이해

이 노랫말을 일기로 쓰려고 합니다. 빈칸에 들어갈 알맞은 말을 쓰세요.

오늘 공원에 갔다. 따뜻한 ☐☐☐ 이 불었고, 그 바람에 ☐☐ 들이 가볍게 흔들렸다. 그 모습이 마치 웃고 있는 것처럼 보였다. 그리고 공원에는 ☐☐☐☐ 와 ☐☐☐ 가 날아다니고 있었다. 그 모습이 꼭 춤을 추는 것처럼 보였다. 나는 나비들이 나에게 날아오기를 바라며 나비들을 불러 보았다. 어디선가 ☐☐ 의 울음소리가 들렸다. 소리가 나는 곳을 보니 참새가 춤을 추듯 날아다니며 지저귀고 있었다.

7

추론 적용

나비는 생김새로 이름을 짓는 경우도 있습니다. 사진과 어울리는 나비의 이름에 선을 그어 보세요.

(1)

↑ 노란색 날개를 가진 나비

• 흰나비

(2)

↑ 흰색 날개를 가진 나비

• 제비나비

(3)

↑ 제비 꼬리를 닮은 날개를 가진 나비

• 호랑나비

(4)

↑ 호랑이 무늬를 닮은 날개를 가진 나비

• 노랑나비

29회 어법·어휘편

본문에 나온 어휘들만 따로 모아 복습하는 순서입니다.

[1단계]

[보기]를 읽고 다음 문장의 밑줄 친 부분이 모양을 흉내 내는 말이면 '모양'에, 소리를 흉내 내는 말이면 '소리'에 ○표를 해 보세요.

> [보 기]
> • 모양을 흉내 내는 말: 사람이나 사물의 모양, 움직임을 흉내 내는 말
> 예) 기분이 좋은 아기가 <u>방긋방긋</u> 웃는다.
> • 소리를 흉내 내는 말: 사람이나 사물의 소리를 흉내 내는 말
> 예) 여러 마리의 참새들이 전깃줄에 앉아서 <u>짹짹</u> 지저귀고 있다.

[1] 시계가 <u>째깍째깍</u> 움직인다. ·· (모양 / 소리)

[2] 강물에 돌멩이를 <u>퐁당</u> 빠뜨렸다. ······································· (모양 / 소리)

[3] 코로 숨을 쉬는 아기의 콧구멍이 <u>발름발름</u> 움직인다. ·········· (모양 / 소리)

[4] 내 딱지가 넘어갈까 봐 가슴이 <u>조마조마</u>한다. ·················· (모양 / 소리)

[2단계]

[보기]를 보고 주어진 낱말이 어떤 낱말들이 합쳐져서 만들어진 낱말인지 생각해 본 다음 빈칸을 채워 보세요.

> [보 기]
> • 봄에 불어오는 바람: 봄 + 바 람 = 봄 바 람
> • 꽃을 이루는 조각 잎: 꽃 + 잎 = 꽃 잎

[1] 가을에 부는 선선한 바람: ☐☐ + ☐☐ = 가 을 바 람

[2] 풀의 잎: ☐ + ☐ = 풀 잎

[3] 손에 들고 다니는 가방: ☐ + ☐☐ = 손 가 방

[4] 돌로 만든 다리: ☐ + ☐☐ = 돌 다 리

시간 **끝난 시간** ☐시 ☐분

1회분 푸는 데 걸린 시간 ☐분

채점 **독해** 7문제 중 ☐개

어법·어휘 8문제 중 ☐개

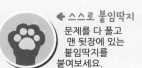

← 스스로 붙임딱지
문제를 다 풀고
맨 뒷장에 있는
붙임딱지를
붙여보세요.

문학 | 동화

30회

공부한 날 [ ]월 [ ]일
시작 시간 [ ]시 [ ]분

독해력 1단계 30회
▲ QR코드를 찍으면
지문 읽기를 들을 수 있어요

가진 것이라고는 황소 하나 뿐인 돌쇠는 **장터**^①에 나무를 내다 팔며 살고 있었습니다. 그러던 어느 날 숲 속에서 다친 도깨비를 만났습니다. 도깨비는 황소의 배 속에서 두 달 동안만 자신의 상처를 치료할 수 있게 해주면 황소를 지금보다 열 배나 힘이 넘치도록 해 주겠다고 했습니다. 돌쇠는 도깨비의 부탁을 들어주고 황소는 정말로 힘이 열 배나 강해졌습니다.

어느덧 약속한 날이 다가왔습니다. 그런데 갑자기 외양간에서 (㉠)하고 시끄러운 소리가 났습니다. 돌쇠는 깜짝 놀라 외양간으로 뛰어나갔습니다. 황소는 괴로워 못 견디겠다는 듯이 계속해서 날뛰고 있었습니다. 갑자기 황소의 배 속에서 도깨비의 소리가 들렸습니다.

"돌쇠 아저씨, **야단**^②이 났어요. 약속한 날이 됐기에 나가려니까 그동안에 제가 굉장히 살이 찐 것 같아요. 소의 목이 좁아서 빠져나갈 수가 없게 되었어요. 나가려고 하면 소가 아픈지 계속 날뛰고 있어요."

돌쇠는 말문이 막히고 말았습니다.

"㉡ 그럼 어떡하면 좋단 말이냐, 그거 참 야단이구나."

"좋은 방법이 있어요. 황소가 하품을 하도록 해 주세요. 하품을 할 때 제가 뛰어나가겠습니다. 하품만 하게 해 주시면 이 소의 힘을 지금보다 백 배 세게 해 드리겠습니다."

"옳다. 그렇구나. 그럼 내가 하품을 하게 할 테니 가만히 기다려라."

돌쇠는 황소가 살아날 수 있다는 생각에 기뻤습니다. 하지만 황소는 도저히 하품을 할 **기색**^③을 보이지 않았습니다. 돌쇠는 발을 동동 구르며 슬퍼했습니다. 그랬더니 돌쇠는 조금씩 몸이 피곤해져서 저도 모르는 사이에 입을 딱 벌리고 기다랗게 하품을 하고 말았습니다. 돌쇠가 하품을 하는 것을 본 황소도 돌쇠를 따라서 길게 하품을 하기 시작했습니다.

"옳다, ⓒ 됐다."

　그것을 본 돌쇠는 좋아서 손뼉을 쳤습니다. 그리고 황소의 입에서 도깨비가 깡충 뛰어 나왔습니다. 도깨비가 나온 뒤 황소는 힘이 백 배 세어졌습니다. 그리고 훨씬 많은 돈을 벌 수 있게 되었습니다. 돌쇠는 "ⓔ 도깨비 아니라 귀신이라도 불쌍하거든 살려 주어야 하는 법이야."라고 중얼거리며 콧노래를 불렀습니다.

-이상, 「황소와 도깨비」

1
요소

돌쇠의 하나 뿐인 재산은 무엇이었나요?

<!-- 빈칸 2개 -->

2
요소

이 이야기는 돌쇠가 누구를 만나면서 일어난 이야기인가요?

<!-- 빈칸 3개 -->

3
어휘
표현

다음 중 빈칸 ㉠에 들어갈 말로 알맞은 것을 고르세요. ----------------- [　　　]

① 쿵쾅쿵쾅　　　② 살랑살랑　　　③ 사뿐사뿐

④ 조심조심　　　⑤ 슬금슬금

4
세부
내용

이야기의 내용을 정리한 것입니다. 순서에 맞게 번호를 쓰세요.

> (1) 황소가 하품을 하게 되어 도깨비가 밖으로 나옴
>
> (2) 약속한 날 도깨비가 살이 쪄서 밖으로 나올 수 없게 됨
>
> (3) 황소의 힘이 열 배나 강해짐
>
> (4) 도깨비가 황소의 배 속으로 들어가게 됨
>
> (5) 황소의 힘이 백 배나 강해짐
>
> (6) 도깨비가 꾀를 내어 황소가 하품을 할 수 있게 해달라고 부탁함

☐ → ☐ → ☐ → ☐ → ☐ → ☐

어려운 낱말 풀이 ┃ ① **장터** 시장 場마당 장 - ② **야단** 난처하거나 딱한 일 ③ **기색** 어떤 일이 생길 낌새 起일어날 기 色빛 색

5

밑줄 친 ⓛ의 돌쇠의 말에서 느낄 수 있는 돌쇠의 기분을 고르세요. ──────── [   ]

① 질투

② 재미남

③ 부러움

④ 부끄러움

⑤ 안타까움

6

밑줄 친 ⓒ이 의미하는 내용은 무엇인가요? ────────────────── [   ]

① 황소가 하품을 했기 때문에 황소를 내다 팔 수 있다.

② 황소가 하품을 했기 때문에 도깨비가 밖으로 나올 수 있다.

③ 황소가 하품을 했기 때문에 황소를 엎드려서 자게 할 수 있다.

④ 황소가 하품을 했기 때문에 황소가 밥을 더 많이 먹을 수 있다.

⑤ 황소가 하품을 했기 때문에 황소에게 더 이상 일을 그만 시킬 수 있다.

7

밑줄 친 ⓔ에서 얻을 수 있는 교훈을 고르세요. ──────────────── [   ]

① 귀신은 도와주면 안 된다.

② 아무나 쉽게 도와주면 안 된다.

③ 한 번쯤은 불쌍하게 살아봐야 한다.

④ 힘이 강해야지 돈을 많이 벌 수 있다.

⑤ 도움이 필요한 누군가를 도우면 좋은 일이 생긴다.

[1단계] 아래의 낱말에 알맞은 뜻을 선으로 이어 보세요.

[1] 장터 •   • ㉠ 시장

[2] 야단 •   • ㉡ 어떤 일이 생길 낌새

[3] 기색 •   • ㉢ 난처하거나 딱한 일

[2단계] 빈칸에 알맞은 낱말을 [보기]에서 골라 쓰세요.

[보 기]   장터   기한   기색

[1] 이 숙제가 [ ][ ] 이 언제까지였지?

[2] 너 무슨 일 있어? 금방이라도 울 것 같은 [ ][ ] 이네.

[3] 어머니가 [ ][ ] 에 가서 내가 좋아하는 통닭을 사 오셨어.

[3단계] 빈칸에 들어갈 표현을 지문에서 찾아 그대로 쓰세요.

[1] 돌쇠는 발을 [ㄷ][ㄷ] 구르며 슬퍼했습니다.

   → 매우 안타깝거나 추워서 발을 가볍게 자꾸 구르는 모양

[2] 도깨비가 [ㄲ][ㅊ] 뛰어나왔습니다.

   → 짧은 다리를 모으고 힘 있게 솟구쳐 뛰는 모양

6주 30회

해설편 016쪽

시간 끝난 시간 [ ]시 [ ]분

1회분 푸는 데 걸린 시간 [ ]분

채점 독해 7문제 중 [ ]개

어법·어휘 8문제 중 [ ]개

← 스스로 붙임딱지
문제를 다 풀고
맨 뒷장에 있는
붙임딱지를
붙여보세요.

속이 보이다

사자 왕이 병이 들어 숲 속 동물들이 병문안을 왔습니다. 마지막으로 늑대에게 인사하던 사자는 여우가 병문안을 오지 않았다는 사실을 깨달았습니다. 여우를 싫어하던 늑대는 여우가 사자 왕을 무시했다고 거짓말했습니다. 사자는 불같이 화를 내며 당장 여우를 잡아오라고 명령했습니다.

늑대는 신이 나서 여우가 사는 굴로 달려갔습니다.

"여우야! 사자 왕께서 병에 걸렸다지 뭐니. 나와 함께 병문안 가자."

늑대는 마치 병문안을 처음 가는 것처럼 말했습니다. 하지만 여우는 늑대가 자신에게만 소식을 늦게 전했다는 걸 알고 있었습니다.

'나를 속이려고? <u>속이 훤히 보이는군.</u> 네 속셈이 무엇이든 간에 두고 보자.'

"속이 보이다."라는 것은 엉큼한 마음이 들여다보인다는 말이에요. 엉뚱한 욕심을 품고 해서는 안 될 짓을 할 때 이 말을 쓴답니다. 평소 늑대가 자신을 미워한다는 사실을 알고 있던 여우는 늑대의 태도 변화에서 이미 속을 다 보고 있었던 것이지요.

여우는 순순히 늑대를 따라나서 곧 사자 왕 앞에 섰습니다. 늑대의 예상대로 사자는 여우를 잡아먹을 듯 노려보며 왜 병문안을 오지 않았는지 캐물었습니다. 여우는 침착하게 말했습니다.

"저는 그동안 유명한 의사를 찾아다니며 당신의 병을 고칠 방법을 찾아다녔습니다."

사자는 놀라며 그 방법이 무엇인지 물었고 여우가 대답했습니다.

"늑대의 가죽을 벗겨서 아픈 곳에 붙이면 됩니다."

'속'과 관련된 또 다른 관용 표현 속이 시원하다 : 좋은 일이 생기거나 나쁜 일이 없어져서 마음이 상쾌하다.
속이 타다 : 걱정이 되어 마음이 조마조마하다.

7주차

회차	영역	학습 내용	학습계획일	맞은 문제수
31 회	독서 국어	**구름의 이름** 5가지 정보가 담긴 글입니다. 간단하지만 여러 가지 정보를 읽고 이해하는 법을 학습하는 회차입니다.	☐ 월 ☐ 일	독해 7문제 중 ☐ 개 어법·어휘 8문제 중 ☐ 개
32 회	독서 사회	**춘천 기행문** 여행을 다녀온 일에 대한 글입니다. 글을 읽고 순서대로 독해하는 방법을 학습하는 회차입니다.	☐ 월 ☐ 일	독해 7문제 중 ☐ 개 어법·어휘 8문제 중 ☐ 개
33 회	독서 과학	**논 체험 교실** 아이들에게 익숙한 체험교실에 대한 안내문입니다. 글에서 필요한 정보를 찾아내는 방법을 학습하는 회차입니다.	☐ 월 ☐ 일	독해 7문제 중 ☐ 개 어법·어휘 7문제 중 ☐ 개
34 회	문학 동시	**포도알** 비 오는 날에 본 포도의 모습을 참신하게 표현한 동시입니다. 포도의 모습을 무엇에 빗대어 표현했는지 학습하는 회차입니다.	☐ 월 ☐ 일	독해 7문제 중 ☐ 개 어법·어휘 8문제 중 ☐ 개
35 회	문학 동화	**넌 멋쟁이야** 친구와의 다툼과 화해를 다루고 있는 재미난 동화입니다. 동물 친구들의 삶을 통해 교훈을 얻고 느끼는 회차입니다.	☐ 월 ☐ 일	독해 7문제 중 ☐ 개 어법·어휘 11문제 중 ☐ 개

독서 | 설명문

31회

공부한 날 [ ]월 [ ]일
시작 시간 [ ]시 [ ]분

독해력 1단계 31회
▲ QR코드를 찍으면
지문 읽기를 들을 수 있어요

비를 내리는 검은 구름의 이름은 '먹구름'입니다. 먹구름은 '먹장구름'이라고도 합니다. '먹'은 **서예**를 할 때 사용하는 검은 물감입니다. 비를 **머금고** 있어 색이 '먹'처럼 검은 구름을 나타낸 이름입니다.

'뭉게구름'은 하늘 한가운데에 떠 있는 커다랗고 보송보송한 구름입니다. 평평한 구름 위에 솜사탕 같은 구름을 잔뜩 쌓아 올린 모양입니다. '뭉게뭉게'는 연기가 둥근 모양을 이루면서 **잇따라** 나오는 모양을 흉내 낸 말입니다.

희고 작은 덩어리 구름이 하늘을 **촘촘히 메우고** 있는 모양의 구름을 '비늘구름'이라고 부릅니다. 비늘은 물고기의 몸을 덮고 있는 얇고 단단한 조각을 뜻하는 순우리말입니다. 비늘구름은 높은 하늘에 떠 있습니다.

새의 깃털처럼 하늘에 떠 있는 구름은 '새털구름'입니다. 이름처럼 가볍고 보드라운 모양의 구름입니다. 아주 맑은 하늘에 커다란 날개 모양 또는 빗자루로 쓸어낸 듯한 모양을 한 구름을 본 적이 있을 것입니다. 그 구름이 바로 새털구름입니다.

하늘의 가장 높은 곳에 떠 있는 구름은 '햇무리구름'이라고 부릅니다. '햇무리'는 해의 **둘레**에 둥그렇게 나타나는 빛나는 **테두리**를 말합니다. 구름이 아주 얇아서 햇무리를 만들기도 하기 때문에 '햇무리구름'이라는 이름이 붙었습니다.

↑ 먹구름

↑ 뭉게구름

↑ 햇무리구름

🧻 어려운 낱말 풀이 : ① **서예** 글씨를 붓으로 쓰는 예술 書글 서 藝재주 예 ② **머금고** 삼키지 않고 입속에 넣고만 있고 ③ **잇따라** 어떤 사건이나 행동이 이어서 따르며 ④ **촘촘히** 틈이나 간격이 매우 좁거나 작게 ⑤ **메우고** 부족하거나 모자라는 것을 채우고 ⑥ **둘레** 사물의 끝의 바깥쪽 부분 ⑦ **테두리** 둘레의 가장자리

1
중심
생각

글에 어울리는 제목을 지어 보세요.

☐☐ 의 다양한 종류

2
세부
내용

다음 중 먹구름에 대한 설명으로 옳지 <u>않은</u> 것을 고르세요. ------------------ [　　　]

① 비를 머금고 있다.

② 비를 내리는 구름이다.

③ '먹장구름'이라고도 한다.

④ 털실을 꼬아 만든 것처럼 생겼다.

⑤ 색깔 때문에 '먹구름'이라는 이름이 붙었다.

3
세부
내용

다음 중 각각의 구름에 대한 설명이 옳지 <u>않은</u> 것을 고르세요. ------------------ [　　　]

① 뭉게구름 – 솜사탕 같은 구름을 잔뜩 쌓아 올린 모양이다.

② 뭉게구름 – 하늘의 가장 높은 곳에 떠 있다.

③ 비늘구름 – 희고 작은 덩어리 구름들이 촘촘히 떠있다.

④ 새털구름 – 새의 깃털처럼 생겼다.

⑤ 햇무리구름 – 아주 얇아서 햇무리를 만들기도 한다.

4
구조
알기

아래 표의 빈칸을 채워 이 글을 정리해 보세요.

구름의 종류	먹구름	색깔이 ☐ 처럼 검은 구름
	☐☐ 구름	둥근 모양이 잇따라 나오는 모양의 구름
	비늘구름	희고 작은 덩어리 구름이 ☐☐ 처럼 촘촘히 하늘을 메우고 있는 구름
	☐☐ 구름	새의 깃털처럼 하늘에 떠 있는 구름
	햇무리구름	아주 얇아서 ☐☐☐ 를 만드는 구름

5 '햇무리'는 무엇인가요? -- [　　　　　]

어휘
표현

① 서예를 할 때 사용하는 검은 물감

② 연기가 둥근 모양을 이루면서 잇따라 나오는 모양

③ 물고기의 몸을 덮고 있는 얇고 단단한 조각

④ 새의 깃털

⑤ 해의 둘레에 둥그렇게 나타나는 빛나는 테두리

6 먹구름의 다른 이름은 무엇인가요?

어휘
표현

7 다음 구름의 모양에 알맞은 이름을 선으로 이어 보세요.

추론

(1)

•　　　　　　　• ㉠ 새털구름

(2)

•　　　　　　　• ㉡ 비늘구름

[1단계] 아래의 낱말에 알맞은 뜻을 선으로 이어 보세요.

[1] 서예 •   • ㉠ 글씨를 붓으로 쓰는 예술

[2] 둘레 •   • ㉡ 둘레의 가장자리

[3] 테두리 •   • ㉢ 사물의 끝의 바깥쪽 부분

[2단계] 아래 문장의 빈칸에 알맞은 낱말을 [보기]에서 찾아서 써넣으세요.

> [보 기]   머금고   잇따라   메우고

[1] 비늘구름은 비늘처럼 하늘을 촘촘히 ☐☐☐ 있는 구름입니다.

[2] 먹구름은 비를 ☐☐☐ 있어 색이 검다.

[3] '뭉게뭉게'는 연기가 둥글게 ☐☐☐ 나오는 모양을 흉내 낸 말이다.

[3단계] [보기]의 설명을 읽고 아래 문장의 빈칸에 알맞은 낱말을 써넣으세요.

> [보 기]   반대말 : 낱말의 뜻이 서로 정반대인 낱말
>
>   예) 시작 ↔ 끝

[1] 친구와 싸워서 선생님께 <u>꾸중</u>을 들었습니다.

     ↔ 친구와 화해했다고 선생님께 ☐☐ 을 들었습니다.

[2] <u>낮</u>에는 하늘에서 해와 구름을 볼 수 있습니다.

     ↔ ☐ 에는 하늘에서 달과 별을 볼 수 있습니다.

시간 **끝난 시간** ☐ 시 ☐ 분   **채점** **독해** 7문제 중 ☐ 개   ← 스스로 붙임딱지

1회분 푸는 데 걸린 시간 ☐ 분   **어법·어휘** 8문제 중 ☐ 개   문제를 다 풀고 맨 뒷장에 있는 붙임딱지를 붙여보세요.

7주 31회

해설편 017쪽

독서 | 기행문

32회

공부한 날 □월 □일
시작 시간 □시 □분

독해력 1단계 32회
▲ QR코드를 찍으면
지문 읽기를 들을 수 있어요

(가) 지난주 주말에 가족들과 전철을 타고 춘천에 다녀왔다. 가장 먼저 내린 곳은 바로 김유정역! 이 역은 우리나라 최초로 작가의 이름을 붙인 기차역 이라고 한다. 김유정역 근처에는 김유정 문학마을이 있었다. 우리 가족은 그곳에서 김유정의 **생가**를 둘러보고 **전시**관도 구경했다.

↑ 김유정 생가

(나) 구경을 마치고 우리 가족은 춘천의 **명물**인 닭갈비를 먹으러 향했다. 식당 아주머니께서는 우리 가족을 웃으면서 맞이해주셨다. 닭갈비도 정말 맛있었다. 식당 아주머니의 친절이 더해져 더 맛있게 먹을 수 있었다.

(다) 점심을 먹고 간 곳은 공지천 공원이라는 곳이었다. 공원 길가에 늘어서 있는 나무에는 노랗고 작은 꽃들이 피어 있었다. 또한 생강나무, 참나무, 전나무 등 여러 가지 아름다운 나무들이 있었다. 우리 가족은 공지천 공원에서 자연을 즐기며 평화로운 휴식을 취했다.

(라) 집으로 돌아가기 전에는 저녁으로 막국수를 먹었다. 막국수도 닭갈비만큼 정말 맛있었다. 전철을 타고 다시 집에 오는 길에는 가족들과 함께 춘천에서의 여러 가지 일들을 이야기하느라 시간 가는 줄도 모르고 집에 도착했다. 정말 즐거운 여행이었다.

어려운 낱말 풀이

① **생가** 그 사람이 태어난 집 生태어날 생 家집 가
② **전시** 여러 가지 물건을 한곳에 모아놓고 사람들에게 보임 展펼 전 示보일 시
③ **명물** 어떤 지역의 유명한 음식이나 물건 名이름 명 物만물 물

1
중심
생각

이 글에서 가장 중심이 되는 낱말은 무엇인지 고르세요. ----------------------------- [   ]

① 전철   ② 춘천   ③ 김유정

④ 닭갈비   ⑤ 막국수

2
추론

이와 같은 글은 여행을 기록한다고 하여 기행문이라고 합니다. 다음 중 기행문처럼 있었던 일을 기록한다는 점에서 가장 비슷한 유형의 글은 무엇인가요? ----------------------------- [   ]

① 편지   ② 일기   ③ 반성문

④ 초대장   ⑤ 자기소개서

3
세부
내용

글을 읽고 글쓴이의 여행을 정리해 보세요.

(1) 누구와 갔나요?   ☐ ☐

(2) 언제 갔나요?   ☐ ☐ ☐ ☐ ☐

(3) 무엇을 타고 갔나요?   ☐ ☐

4
세부
내용

글쓴이가 춘천에서 간 곳을 순서대로 정리해 보세요.

```
[ 보 기 ]   (가) 공지천 공원
            (나) 닭갈비 식당
            (다) 김유정 문학 마을
            (라) 막국수 식당
            (마) 김유정역
```

☐ → ☐ → ☐ → ☐ → ☐

5
어휘
표현

상자에서 설명하고 있는 내용을 뜻하는 낱말이 무엇인지 고르세요. ----------------------------- [   ]

```
                        가장 처음
```

① 생가   ② 전시   ③ 명물

④ 최초   ⑤ 정말

6 아래 표의 빈칸을 채워 완성해 보세요.

구조
알기

(가)	☐☐☐	문학 마을에서 생가를 둘러보고 전시관을 구경함
(나)	춘천의 ☐☐	인 닭갈비를 먹음
(다)	☐☐☐	공원으로 가서 자연을 즐김
(라)	☐☐☐	를 먹고 집으로 돌아옴

7 이 글을 읽고 친구들이 대화를 나누었습니다. 맞지 **않은** 내용을 말하는 친구를 고르세요.

내용
적용

--- [   ]

① 정희 : 김유정은 작가 이름이구나.

② 선아 : 전철을 타고도 춘천에 갈 수 있네.

③ 민형 : 나도 공원에서 아름다운 자연을 구경하고 싶다.

④ 복기 : 공지천 공원 안에 김유정 작가의 생가가 있는 줄 몰랐어.

⑤ 지애 : 나도 글쓴이처럼 여행을 가면 그곳에서 유명한 음식들을 꼭 먹어봐야지.

배경지식 더하기

명물

어떤 지역마다 유명한 음식이나 물건이 있습니다. 그런 음식이나 물건을 명물이라고 합니다. '명(名)'은 '이름'이란 뜻이고, '물(物)'은 '사물'을 뜻합니다. 그러니까 '명물'이란 이름 난 일이나 물건을 뜻합니다. 그리고 어떤 자연물도 명물이 될 수 있습니다.

↑ 한라봉

↑ 돌하르방

우리나라 각 지역에도 명물이 있습니다. 그중 관광지로 유명한 제주도는 감귤, 한라봉, 옥돔, 전복 등의 명물이 있습니다. 이중에서 제주도 감귤은 여러분도 한 번쯤 먹어봤을 겁니다. 그리고 한라산, 돌하르방도 제주도의 명물이랍니다.

[**1단계**] 아래의 낱말의 알맞은 뜻에 선을 이어 보세요.

[1] 생가 •　　　　　　　• ㉠ 여러 가지 물건을 한곳에 모아놓고 사람들에게 보임

[2] 전시 •　　　　　　　• ㉡ 어떤 지역의 유명한 음식이나 물건

[3] 명물 •　　　　　　　• ㉢ 그 사람이 태어난 집

[**2단계**] 아래 문장의 빈칸에 알맞은 낱말을 [보기]에서 찾아서 써넣으세요.

> [보 기]　　　　　생가　　　전시　　　명물

[1] 김유정 문학 마을에서 김유정이 살던 ☐☐ 를 둘러보았다.

[2] 춘천의 ☐☐ 은 뭐니 뭐니 해도 닭갈비와 막국수다.

[3] 김유정 문학 마을에는 김유정 ☐☐ 관도 있었다.

[**3단계**] [보기]의 설명을 읽고 아래 문장의 빈칸에 알맞은 낱말을 쓰세요.

> [보 기]　명물 : 어떤 지역의 유명한 음식이나 물건
> 　　　　　명성 : 세상에 널리 퍼져 유명한 이름

[1] 나중에 훌륭한 사람이 되어서 크게 ☐☐ 을 높이고 싶습니다.

[2] 제주도의 ☐☐ 로는 감귤, 한라봉, 옥돔, 전복 등이 있습니다.

시간　끝난 시간 ☐시 ☐분　　채점　독해 7문제 중 ☐개
1회분 푸는 데 걸린 시간 ☐분　　　어법·어휘 8문제 중 ☐개

← 스스로 붙임딱지
문제를 다 풀고 맨 뒷장에 있는 붙임딱지를 붙여보세요.

7 주 32 회

해 설 편 0 1 7 쪽

33회

독서 | 실용문 | 관련교과 : 초등과학 4-2 1.식물의 생활

공부한 날 [ ]월 [ ]일
시작 시간 [ ]시 [ ]분

1단계 33회 26쇄
▲ QR코드를 찍으면
지문 읽기를 들을 수 있어요

나비대공원 논 체험① 교실

▶ '논 체험 교실'에서 도시에서는 만나기 힘든 새로운 경험②과 즐거움을
느껴 보세요.

• 체 험 일 : 매달 둘째 주 토요일 10:30~12:00
• 체험 대상 : 어린이(6~13세)
• 체험 장소 : 나비대공원 어린이 텃밭③
• 전화 문의④ : 070-8260-5456 (월~금 오전 09:00~ 오후 06:00)
• 일 정 표⑤

일정	프로그램명	프로그램 내용
5월 11일	논과 인사해요!	– 논이란 무엇일까? – 논 흙 만져보기
6월 8일	벼도 친구가 있다고?	– 논 생물 관찰⑥ – 논 그림 그리기
7월 13일	꼬물꼬물 작은 친구들	– 논에는 누가 살까? – 잠자리와 애벌레 관찰
8월 10일	예쁜 꽃이 폈어요!	– 벼꽃 관찰하기
9월 14일	짚과 친구하기	– 짚으로 장난감 만들기
10월 12일	쌀의 화려한 변신!	– 쌀로 음식을 만들어요! – 함께 맛보는 쌀

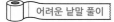 어려운 낱말 풀이 ① 체험 자기가 직접 겪음 體몸 체 驗시험 험 ② 경험 자신이 실제로 해 보거나 겪어 봄 經지날 경 驗시험 험 ③ 텃밭 집 가까이 있는 밭 ④ 문의 궁금한 점을 물어봄 問물을 문 議의논할 의 ⑤ 일정표 일정 기간 동안의 계획을 날짜별로 적어놓은 표 日날 일 程단위 정 表겉 표 ⑥ 관찰 자세히 살펴봄 觀볼 관 察살필 찰

1 이 글에서 가장 중심이 되는 낱말을 [보기]에서 찾아 동그라미 하세요.

중심
생각

> [보 기]　　　텃밭　　쌀　　즐거움　　어린이　　논 체험　　짚

2 다음 중 본문의 내용과 일치하는 것을 고르세요. ──────────── [　　　]

세부
내용

① 도심에는 논이 많다.

② 쌀로 음식을 만들 수 없다.

③ '논 체험 교실'은 나비대공원에서 한다.

④ 어린이는 '논 체험 교실'에 참여할 수 없다.

⑤ '논 체험 교실'은 매달 셋째 주 토요일에 한다.

해설편 018쪽

3 '논 체험 교실'에서 할 수 <u>없는</u> 활동을 고르세요. ──────────── [　　　]

세부
내용

① 잠자리 관찰

② 벼 심어보기

③ 논 흙 만져보기

④ 쌀로 음식 만들기

⑤ 짚으로 장난감 만들기

4 [보기]의 내용이 이 글에 들어갈 곳은 어디인지 고르세요. ──────────── [　　　]

구조
알기

> [보 기]　　　　매달 첫째, 셋째, 넷째 주 토요일은 쉽니다.

① 체험일　　　　　　② 일정표　　　　　　③ 체험 대상

④ 체험 장소　　　　　⑤ 전화 문의

5

어휘
표현

[보기]의 뜻을 가진 낱말을 본문에서 찾아 아래 빈칸에 써 보세요.

[보 기]　　　　　　　　　　자세히 살펴봄

돋보기를 이용해 논에 살고 있는 작은 동물들을 ☐☐ 할 수 있습니다.

6

내용
적용

지민이는 '논 체험 교실'에 대해 질문할 것이 있어 전화를 하려고 합니다.
다음 중 전화를 걸어도 되는 시간을 고르세요. ---------------------------- [　　　]

① 토요일 오전 9시　　　② 월요일 오전 8시　　　③ 수요일 오후 4시
④ 금요일 오후 8시　　　⑤ 일요일 12시

7

추론

다음 중 '논 체험 교실'에 참여할 수 <u>없는</u> 사람은 누구인가요? ------------ [　　　]

① 한국초등학교 2학년 하은이
② 한국초등학교 3학년 민재
③ 중학교에 다니는 우진이의 형(16살)
④ 올해 6살이 된 윤서
⑤ 내년에 10살이 되는 동현이

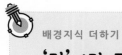

배경지식 더하기

'짚'이란 무엇인가요?

짚이란 벼, 보리, 밀 따위의 이삭을 떨어내고 남은 줄기와 잎을 말합니다. 이삭이란 곡식의 열매로, 우리가 쉽게 볼 수 있는 쌀이 벼의 이삭입니다.
옛날에 짚은 매우 중요한 생활 재료였습니다. 처음에는 짚을 이용하여 생활에 필요한 간단한 물건을 만들다가, 점차 더욱 편리한 생활용품들을 만들어 사용하게 되었습니다. 농사를 짓지 않는 겨울철에는 여럿이 둘러앉아 이야기를 하면서 짚으로 물건을 만들었답니다.
우리 조상들은 짚으로 집도 짓고(초가집), 옷도 만들고, 물건을 묶고 날랐습니다. 여러분은 옛날 이야기를 다룬 텔레비전 드라마에서 짚신을 본 적이 있을 겁니다. 그 짚신이 바로 짚으로 만든 신발입니다.

[**1단계**]   아래의 낱말에 알맞은 뜻을 선으로 이어 보세요.

[1] 체험 •   • ㉠ 자기가 직접 겪음

[2] 텃밭 •   • ㉡ 집 가까이 있는 밭

[**2단계**]   아래 문장의 빈칸에 알맞은 낱말을 [보기]에서 찾아서 써넣으세요.

[보 기]   체험   텃밭

[1] 다양한 독서와 ☐☐ 을 통해 지식을 넓혀야 한다.

[2] 지원이는 ☐☐ 에 꽃을 심기로 결정했다.

[**3단계**]   설명을 읽고, 사진에 알맞은 낱말을 써넣으세요.

[보 기]   논 : 물을 담아 주로 벼를 심어 가꾸는 땅
           밭 : 물을 필요할 때만 주어서 채소나 곡식을 심어 가꾸는 땅
           숲 : 나무가 많이 심어진 땅

[1]   [2]   [3]

☐   ☐   ☐

시간   **끝난 시간** ☐시 ☐분   채점   **독해** 7문제 중 ☐개
      1회분 푸는 데 걸린 시간 ☐분   **어법·어휘** 7문제 중 ☐개

↖ 스스로 붙임딱지
문제를 다 풀고
맨 뒷장에 있는
붙임딱지를
붙여보세요.

34회

문학 | 동시

공부한 날 ☐월 ☐일
시작 시간 ☐시 ☐분

1단계 34회 19쇄

▲ QR코드를 찍으면
지문 읽기를 들을 수 있어요

포도알

서정숙

비 와도
포도알
걱정 없어요

초록 잎 우산 밑
포도알 **식구**^①

토닥토닥^②
소리 **맞춰**^③
목욕하니까

포도알
㉠**싱글싱글**^④
웃고 있지요.

1

**중심
생각**

이 글은 무엇을 보고 쓴 동시인지 빈칸에 적어 보세요.

☐ ☐ ☐

어려운 낱말 풀이

① **식구** 한집에 살면서 밥 먹는 것을 같이 하는 사람 食먹을 식 口입 구 ② **토닥토닥** 잘 울리지 않는
물체를 잇따라 가볍게 두드리는 소리 또는 그 모양 ③ **맞춰** 서로 어긋남이 없이 조화를 이뤄
④ **싱글싱글** 눈과 입을 슬며시 움직이며 소리 없이 정답게 자꾸 웃는 모양

2

세부
내용

이 시를 쓴 사람은 어떤 모습을 보고 시를 썼을까요? 알맞은 것을 골라 보세요.

--- [   ]

① 가족이 모여 포도를 먹는 모습

② 포도송이가 비를 맞고 있는 모습

③ 농부가 포도나무에 물을 주는 모습

④ 태풍 때문에 포도나무가 부러진 모습

⑤ 아버지께서 포도를 물에 씻고 있는 모습

3

어휘
표현

시에 나타난 소리나 모양을 흉내 내는 말과 그 뜻을 알맞게 선으로 이어 보세요.

(1) 토닥토닥 •

(2) 싱글싱글 •

• ① 빗방울이 포도알을 가볍게 두드리는 소리

• ② 포도알이 소리 없이 정답게 웃는 모양

7주
34
회

해설편 018쪽

4

어휘
표현

밑줄 친 ㉠과 바꾸어 쓸 수 있는 말을 골라 보세요. ------------------------------- [   ]

① 삐죽삐죽   ② 버럭버럭   ③ 꼬질꼬질

④ 방긋방긋   ⑤ 깜빡깜빡

5

추론
적용

이 시에 등장하는 포도알이 짓고 있을 표정으로 알맞은 것에 ○표를 해 보세요.

[   ]   [   ]   [   ]

6

작품
이해

이 시에 대해 알맞게 설명한 것에 ○표를, 아닌 것에 ×표를 해 보세요.

(1) 흉내 내는 말을 사용했다. ────────────── [   ]

(2) 모든 줄마다 글자 수를 똑같이 썼다. ──────── [   ]

(3) 사람이 아닌 것을 사람처럼 나타냈다. ──────── [   ]

7

세부
내용

이 시에서 초록 잎과 포도알을 각각 무엇과 비슷하게 생각했는지 알맞은 것끼리 선으로 이어 보세요.

(1) 초록 잎 •

(2) 포도알 •

우산

식구

34회 어법·어휘편 본문에 나온 어휘들만 따로 모아 복습하는 순서입니다.

[**1단계**] 다음 낱말 뜻에 알맞은 낱말을 [보기]에서 찾아 써 보세요.

> [보 기]　　　　　　　토닥토닥　　　　싱글싱글

[1] ☐☐☐☐ : 잘 울리지 않는 물체를 잇따라 가볍게 두드리는
소리 또는 그 모양

[2] ☐☐☐☐ : 눈과 입을 슬며시 움직이며 소리 없이 정답게
자꾸 웃는 모양

[**2단계**] 다음 문장의 빈칸에 들어갈 알맞은 낱말을 [보기]에서 골라 써 보세요.

> [보 기]　　　　　　　싱글싱글　　　　토닥토닥

[1] 내 짝꿍은 항상 ☐☐☐☐ 웃는 표정을 짓고 있다.

[2] 우는 아기를 ☐☐☐☐ 달래자 금방 잠이 들었다.

[3] 시무룩해진 동생의 어깨를 ☐☐☐☐ 두드려 주었습니다.

[4] 오랜만에 만난 친구는 ☐☐☐☐ 웃으며 나를 반겨 주었습니다.

[**3단계**] 다음 문장의 밑줄 친 낱말을 바르게 고쳐 보세요.

[1] 가을이 되자 나무의 초록 **입**이 하나둘씩 빨갛게 변하고 있었다.

→ ☐

[2] 비가 거세게 내리자 친구들이 내 우산 **밑**으로 모여들었다.

→ ☐

시간 **끝난 시간** ☐ 시 ☐ 분　　**채점** **독해** 7문제 중 ☐ 개　　← **스스로 붙임딱지**
문제를 다 풀고
맨 뒷장에 있는
붙임딱지를
붙여보세요.
1회분 푸는 데 걸린 시간 ☐ 분　　　　**어법·어휘** 8문제 중 ☐ 개

7주 | 34회 **157**

7
주
34
회

해설편
018
쪽

35회

문학 | 동화 | 관련교과 : 초등국어 활동 2-1 6.차례대로 말해요 (2014개정)

공부한 날 　월　일
시작 시간 　시　분

독해력 1단계 35회
▲ QR코드를 찍으면
지문 읽기를 들을 수 있어요

　　꼬물꼬물초등학교에 다니는 개미는 무당벌레와 친해지고 싶었어요. 그러나 무당벌레는 "야, 검댕아!" 하며 개미를 놀렸어요. 개미가 이름을 불러달라고 여러 번 말하여도 무당벌레는 듣지 않았어요. 개미는 화가 났지만 꾹 참았어요.

　　미술 시간이었어요. 개미는 무당벌레에게 초록 크레파스를 빌려 주었어요. 하지만 무당벌레는 개미가 가지고 있던 빨간색 크레파스를 빼앗아 갔어요. 그리고 개미에게 검댕이는 검정색만 필요하다고 놀렸어요. 개미가 빨간 크레파스를 다시 가져가려고 하자 무당벌레가 개미를 툭 밀어 버렸어요. 책상이 기우뚱하였어요. 크레파스가 바닥에 떨어져 댕강 부러졌어요.

　　"무당벌레, 너, 아주 못된 심술쟁이구나."

　　사마귀 선생님이 다가와 무당벌레를 야단쳤어요. 개미는 무당벌레가 미웠어요. 선생님은 무당벌레에게 벌을 세웠어요. 무당벌레는 울음을 터뜨렸어요. 다음날 무당벌레가 아프다는 소식이 들렸어요. 개미는 무당벌레

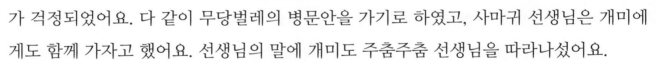

가 걱정되었어요. 다 같이 무당벌레의 병문안을 가기로 하였고, 사마귀 선생님은 개미에게도 함께 가자고 했어요. 선생님의 말에 개미도 주춤주춤 선생님을 따라나섰어요.

　　'무당벌레를 만나면 무슨 말부터 해야 할까? 용서한다고 할까?'

　　개미는 가슴이 두근두근하였어요. 무당벌레는 힘없이 누워 있었어요. 아름다운 점무늬 옷도 빛을 잃은 것 같았어요. 절대로 용서하지 않겠다던 개미의 마음이 눈 녹듯이 풀렸어요. 개미는 무당벌레 곁으로 다가갔어요.

　　"개미야, 너도 왔구나!"

　　무당벌레가 웃으며 개미의 손을 잡았어요.

"와! 멋지다."

친구들이 소리치자 개미는 기분이 날아갈 것 같았어요.

"넌 멋쟁이 내 친구야!"

개미가 작은 소리로 말하였어요.

"정말 고마워, 개미야!"

-이성자, 「넌 멋쟁이야」

1
중심
생각

이야기의 중심인물 둘을 찾아 쓰세요.

☐☐ 와 ☐☐☐☐

2
요소

이야기의 주인공이 다니는 학교는 어디인가요?

☐☐☐☐ 초등학교

3
작품
이해

글의 앞부분에서 무당벌레에 대해 바르게 설명한 것에 ○, 틀리게 설명한 것에 ×를 하세요.

[보기]   심술궂다   친절하다   **거만하다**①

숙제를 열심히 하지 않는다   친구들과 사이좋게 지낸다

7
주
35
회

해
설
편
0
1
9
쪽

어려운 낱말 풀이   ① **거만하다** 잘난 체하며 남을 무시하는 태도가 있다 **倨**거만할 거 **慢**거만할 만 -

4

세부
내용

무당벌레에 대한 개미의 마음은 어떻게 바뀌었나요? ┈┈┈┈┈┈┈┈┈┈┈┈┈┈┈┈┈┈┈ [   ]

① 화남 → 걱정됨

② 화남 → 부끄러움

③ 미안함 → 걱정됨

④ 미안함 → 부끄러움

⑤ 부끄러움 → 화남

5

추론
적용

친구들이 개미에게 "와! 멋지다."라고 소리친 까닭을 고르세요. ┈┈┈┈┈┈┈┈┈ [   ]

① 개미의 옷이 멋있었기 때문에

② 개미가 색칠을 잘했기 때문에

③ 무당벌레와 싸웠지만 병문안을 갔기 때문에

④ 무당벌레에게 크레파스를 빌려 주었기 때문에

⑤ 수업이 끝난 후 무당벌레와 함께 집에 갔기 때문에

6

어휘
표현

문병 온 개미는 무당벌레에게 어떤 친구라고 말했나요?

☐☐☐ 내 친구

7

작품
이해

이 글에서 배울 수 있는 교훈을 고르세요. ┈┈┈┈┈┈┈┈┈┈┈┈┈┈┈┈┈┈┈┈┈┈┈ [   ]

① 그림을 잘 그리자.

② 크레파스를 잘 챙겨오자.

③ 아프다고 꾀병 부리지 말자.

④ 친구의 물건에 함부로 손대지 말자.

⑤ 친구를 놀리지 말고 사이좋게 지내자.

[1단계] 아래의 낱말에 알맞은 뜻을 선으로 이어 보세요.

[1] 꼬물꼬물 •

• ㉠ 매우 불안하거나 기분이 좋아서 가슴이 크게 뛰는 모양

[2] 그렁그렁 •

• ㉡ 어떤 행동이나 걸음 따위를 망설이며 자꾸 머뭇거리는 모양

[3] 두근두근 •

• ㉢ 몸이나 몸의 일부를 작고 느리게 자꾸 움직이는 모양

[4] 주춤주춤 •

• ㉣ 눈에 눈물이 그득 괴어 넘칠 듯한 모양

[2단계] 위에서 배운 낱말을 아래의 빈칸에 넣어 문장을 완성하세요.

[1] 개미는 떨려서 가슴이 ☐☐☐☐ 하였어요.

[2] 선생님 말에 개미도 ☐☐☐☐ 선생님을 따라갔어요.

[3] 개미는 부러진 크레파스를 주워 담으며 눈물이 ☐☐☐☐ 하였어요.

[4] 올챙이가 ☐☐☐☐ 헤엄을 치고 있었어요.

[3단계] 아래 밑줄 친 낱말이 모양을 흉내 낸 말이라면 '모양'에, 소리를 흉내 낸 말이라면 '소리'에 ○표를 하세요.

[1] 개미는 화가 났지만 <u>꾹</u> 참았어요. ----------------- (모양 / 소리)

[2] 책상이 <u>기우뚱</u>하였어요. ----------------- (모양 / 소리)

[3] 크레파스가 바닥에 떨어져 <u>댕강</u> 부러졌어요. ----------- (모양 / 소리)

해설편 019쪽

시간 **끝난 시간** ☐시 ☐분
1회분 푸는 데 걸린 시간 ☐분

채점 **독해** 7문제 중 ☐개
어법·어휘 11문제 중 ☐개

← **스스로 붙임딱지**
문제를 다 풀고 맨 뒷장에 있는 붙임딱지를 붙여보세요.

구름은 왜 생길까?

하늘에는 여러 가지 모양의 구름이 두둥실 떠다닙니다. 보고 있으면 참 예쁩니다. 그리고 신기하기도 합니다. 하늘을 떠다니는 구름은 왜 생길까요?

물이 열을 받아 증발하면 공기처럼 작은 알갱이가 되어 위로 올라갑니다. 이것을 수증기라고 부릅니다. 바다나 호수 같은 땅 위의 물도 햇빛을 받으면 증발하여 수증기가 됩니다. 수증기는 공기와 함께 하늘로 떠오르게 됩니다.

수증기와 공기 덩어리가 하늘 높이 올라가면, 공기 덩어리의 부피는 점점 커집니다. 부피가 커진 공기 덩어리는 온도가 내려가 차가워집니다. 이때 수증기가 서로 엉기면서 물방울로 변합니다. 이 물방울들이 뭉쳐서 만들어진 것이 바로 구름입니다.

이렇게 구름은 아주 작은 물방울이 모여 생겨났기 때문에 가벼워서 하늘에 뜰 수 있습니다. 물이기 때문에 날씨가 추워지면 구름 속 물방울이 얼기도 합니다. 이것이 땅에 떨어지면 눈이 되고, 떨어지다 녹으면 비가 됩니다.

증발 액체가 기체로 변함 蒸찔 증 發필 발
부피 공간에서 차지하는 크기
온도 따뜻한 정도 溫따뜻할 온 度정도 도

8주차

주간학습계획표

한 주 간의 계획을 먼저 세워보세요. 매일 학습을 마친 후 맞힌 문제의 개수를 쓰세요!

회차	영역	학습 내용	학습계획일	맞은 문제수
36 회	독서 **과학**	**개미 왕국** 개미에 대한 설명문입니다. 다양한 개미의 종류와 하는 일을 알아보고 적용해 보는 회차입니다.	월 일	독해 7문제 중 ☐ 개 어법·어휘 10문제 중 ☐ 개
37 회	독서 **역사**	**마더 테레사** 마더 테레사에 대한 전기문입니다. 마더 테레사의 삶과 업적을 읽고 읽은 내용을 바탕으로 문제에 적용해 보는 회차입니다.	월 일	독해 7문제 중 ☐ 개 어법·어휘 9문제 중 ☐ 개
38 회	독서 **국어**	**손을 내밀어 봐요** 친구와 사이좋게 지내는 방법에 대해 말해 주는 논설문입니다. 글쓴이의 주장과 근거를 파악하면서 읽는 것을 연습해 보는 회차입니다.	월 일	독해 7문제 중 ☐ 개 어법·어휘 9문제 중 ☐ 개
39 회	문학 **연극**	**피노키오** 동화 피노키오의 연극 대본입니다. 등장인물을 파악하고 그에 따른 대사들을 정리해 보는 회차입니다.	월 일	독해 7문제 중 ☐ 개 어법·어휘 10문제 중 ☐ 개
40 회	문학 **동화**	**은혜 갚은 까마귀** 착한 일을 하면 보답을 받는다는 내용의 동화입니다. 동화의 내용을 파악하고 느낀 바를 자신의 삶 속에 적용해 보는 회차입니다.	월 일	독해 7문제 중 ☐ 개 어법·어휘 9문제 중 ☐ 개

독서 | 설명문 | 관련교과 : 초등과학 3-2 2.동물의 생활

36회

공부한 날 [   ]월 [   ]일
시작 시간 [   ]시 [   ]분

독해력 1단계 36회
▲ QR코드를 찍으면
지문 읽기를 들을 수 있어요

개미는 우리 주변에서 쉽게 볼 수 있는 곤충입니다. 개미는 각자 맡은 일에 따라 그 종류가 서로 다르다고 합니다. 그렇다면 개미 왕국에는 과연 어떤 개미들이 살고 있는지 한 번 알아보도록 하겠습니다.

먼저, 개미들의 **우두머리**인 '여왕개미'가 있습니다. 여왕개미는 개미 왕국의 어머니입니다. 알을 낳는 **역할**을 하기 때문입니다. 모든 개미는 여왕개미가 알을 잘 낳을 수 있도록 돕습니다. 여왕개미는 날개가 있습니다. 여왕개미는 이 날개를 이용해 멀리까지 날아가 **짝짓기**를 합니다. 짝짓기

⬆ 날개가 달린 여왕개미

를 한 여왕개미의 날개는 스스로 떨어지거나 일개미들이 떼어냅니다.

'수개미'는 여왕개미와 짝짓기를 하기 위해 태어난 개미들입니다. 수개미도 여왕개미와 **마찬가지**로 날개가 있습니다. 여왕개미처럼 짝짓기를 하기 위해 멀리 날아갈 때 사용합니다.

'병정개미'는 개미 왕국을 지키기 위해 다른 개미들의 **침입**을 막는 역할을 합니다. 침입자와 싸우기 위해 병정개미는 다른 개미들과 다르게 강한 턱을 가졌습니다.

부지런한 일꾼인 '일개미'는 여왕개미가 낳은 알을 소중하게 돌보는 일을 합니다. 뿐

⬆ 개미 무리에서 가장 수가 많은 일개미

만 아니라 집을 고치고, 청소를 하기도 합니다. 또한 개미 왕국의 모든 개미들이 좋아하는 풀씨, 곤충, 버섯 등의 먹이를 구해 오는 일을 합니다. 일개미는 **강력한** 독인 '개미산'을 가지고 있습니다. 이 개미산은 아주 강력해서 자신의 몸보다 아주 커다란 두꺼비도 꼼짝 못하게 할 수 있습니다. 개미산은 개미의 몸 끝에서 나옵니다.

어려운 낱말 풀이 ① **우두머리** 어떤 무리에서 으뜸 ② **역할** 자기가 마땅히 하여야 할 일 役일 시킬 역 割나눌 할 ③ **짝짓기** 동물의 암수가 새끼를 낳기 위해 짝을 이루는 일 ④ **마찬가지** 서로 같음 ⑤ **침입** 함부로 쳐들어가거나 들어옴 侵덮칠 침 入들어올 입 ⑥ **강력한** 힘이나 영향이 강한 强강할 강 力힘 력-

1

중심
생각

글에 어울리는 제목을 지어 보세요.

☐☐ 의 종류

2

세부
내용

다음 문장이 이 글의 내용에 맞으면 ○, 틀리면 ×를 써넣으세요.

(1) 병정개미는 강한 턱을 가지고 있다. ----------------------------- [   ]

(2) 여왕개미는 알을 낳는 역할을 한다. ----------------------------- [   ]

(3) 일개미는 자신보다 큰 동물을 잡지 못한다. ------------------ [   ]

(4) 수개미는 여왕개미와 짝짓기를 하는 개미이다. -------------- [   ]

(5) 짝짓기를 마친 수개미는 날개가 저절로 떨어진다. ---------- [   ]

3

세부
내용

여왕개미와 수개미에게 날개가 있는 이유는 무엇인지 고르세요. ----------------- [   ]

① 짝짓기를 하기 위해서

② 새로운 집을 찾기 위해서

③ 적으로부터 도망가기 위해서

④ 먹이를 찾으러 나가기 위해서

⑤ 멀리까지 날아가 먹이를 구해 오기 위해서

4

구조
알기

빈칸을 채워 표를 완성하세요.

개미들의 다양한 ☐☐

여왕개미	수개미	☐☐ 개미	일개미
- ☐을 낳는 역할	- 여왕개미와 ☐☐ ☐를 하는 역할	- 다른 개미들의 침입을 막는 역할	- ☐을 돌봄 - 집을 고치고, 청소함 - ☐☐를 구해 옴

5
내용
적용
일개미가 자신의 몸보다 큰 두꺼비를 잡을 수 있는 까닭을 본문에서 찾아 써 보세요.

일개미가 가지고 있는 ☐☐☐ 때문입니다. 이것은 아주

강력해서 자신보다 훨씬 큰 동물도 꼼짝 못 하게 만들 수 있습니다.

이것은 개미의 ☐☐ 에서 나옵니다.

6
추론
왼쪽 사진 속에 있는 개미는 어떤 개미인지 고르세요. ------------------------------ [　　]

① 여왕개미　　　　　② 수개미

③ 병정개미　　　　　④ 일개미

⑤ 개미산

7
추론
글을 읽고 알 수 있는 개미의 생활이 <u>아닌</u> 것을 고르세요. ------------------------------ [　　]

① 여왕개미는 버섯을 좋아한다.

② 여왕개미는 평생 날개를 가지고 있다.

③ 병정개미는 강한 턱으로 상대방을 공격한다.

④ 수개미도 여왕개미처럼 날개를 가지고 있다.

⑤ 개미왕국에는 여러 종류의 개미들이 함께 모여서 산다.

배경지식 더하기
더 자세한 개미 이야기

개미의 몸은 머리, 가슴, 배 이렇게 세 부분으로 나뉩니다. 머리에는
홑눈 3개와 겹눈 1쌍, 2개의 더듬이가 있습니다. 더듬이는 냄새를 맡
거나 앞을 살피는 역할을 합니다. 그리고 친구를 만났을 때 정보를 주
고받는 일도 해요. 개미는 큰 턱으로 커다란 물건도 나를 수 있습니다.
큰 턱은 아주 튼튼한데다, 마치 집게처럼 먹이를 꽉 조일 수 있거든요.
개미의 몸은 매끄러워 보이지만 실제로는 짧은 털이 나 있고, 가슴에
는 세 쌍의 다리가 있습니다.

[1단계] 아래의 낱말에 알맞은 뜻을 선으로 이어 보세요.

[1] 역할 •   • ㉠ 자기가 마땅히 하여야 할 일

[2] 짝짓기 •   • ㉡ 함부로 쳐들어가거나 들어옴

[3] 침입 •   • ㉢ 힘이나 영향이 강하다

[4] 강력하다 •   • ㉣ 동물의 암수가 새끼를 낳기 위해 짝을 이루는 일

[2단계] 아래 문장의 빈칸에 알맞은 낱말을 [보기]에서 찾아서 써넣으세요.

[보 기]	역할	짝짓기	침입	강력한

[1] 여왕개미는 이 날개를 이용해 멀리까지 날아가 [   ] 를 합니다.

[2] 다른 개미와 싸우는 병정개미는 [   ] 턱을 가졌습니다.

[3] 병정개미는 다른 개미들의 [   ] 을 막는 일을 합니다.

[4] 여왕개미는 알을 낳는 [   ] 을 합니다.

[3단계] 밑줄 친 말을 다른 말로 알맞게 바꾸어 쓰세요.

[1] 개미는 각자 맡은 일에 따라 그 종류가 서로 다르다고 합니다.

→ 개미는 각자 [역][ ] 에 따라 그 종류가 서로 다르다고 합니다.

[2] 수개미도 여왕개미와 똑같이 날개가 있습니다.

→ 수개미도 여왕개미와 [마][ ][가][ ] 로 날개가 있습니다.

시간   **끝난 시간** [   ]시 [   ]분   채점   **독해** 7문제 중 [   ]개

1회분 푸는 데 걸린 시간 [   ]분   **어법·어휘** 10문제 중 [   ]개

← 스스로 붙임딱지
문제를 다 풀고
맨 뒷장에 있는
붙임딱지를
붙여보세요.

해설편 019쪽

37회

독서 | 전기문

공부한 날 [ ]월 [ ]일
시작 시간 [ ]시 [ ]분

독해력 1단계 37회
▲ QR코드를 찍으면
지문 읽기를 들을 수 있어요

마더 테레사는 ㉠ 어렵고 가난한 사람들을 위한 삶을 살다 돌아가신 **수녀**님입니다. 마더 테레사는 1910년 마케도니아라는 나라에서 태어났습니다. 어릴 적부터 몸이 약했으나 ㉡ **우등생**이었고, 가톨릭 성당에서 활동하면서 수녀가 되었습니다. 수녀가 된 다음에는 수녀원에서 **운영**하는 학교에서 선생님으로 일하였습니다.

마더 테레사는 ㉢ **약자**들을 도우며 사는 것을 삶의 목표로 정했습니다. 그리고 길거리에서 죽어가는 사람들을 집안으로 불러와 먹을 것을 주고 돌보아 주는 일을 시작했습니다. 그녀의 **좌우명**은 '㉣ 죽어가는 사람들을 혼자 내버려두지 말자.'였습니다. 마더 테레사의 학교 제자들도 그녀를 돕기 시작하였고 함께 사랑의 선교회라는 단체를 만들었습니다.

사랑의 선교회는 점점 유명해졌고 많은 사람들은 마더 테레사를 돕기 위해 **기부금**을 보내 주었습니다. 사랑의 선교회는 계속해서 **규모**가 커지면서 더 많은 사람들을 돕기 시작했습니다. 또한 모여진 기부금으로 ㉤ 돌보아줄 사람이 없는 아이들을 위한 고아원도 **설립**하였습니다.

마더 테레사의 **봉사** 정신은 세계적으로 인정을 받게 되었고, 그녀는 1979년에 노벨 평화상을 받았습니다. 마더 테레사는 **한평생**을 어렵고 가난한 사람들을 위해 살다가 1997년에 돌아가셨습니다. 비록 지금은 세상에 계시지 않지만 그녀의 '죽어가는 사람들을 혼자 내버려 두지 마라.'라는 좌우명은 **길이** 길이 기억되고 있습니다.

마더 테레사 (1910~1997) ➤

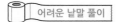 **어려운 낱말 풀이** ① **수녀** 가톨릭 종교를 믿으며 그 종교에서 일하는 여자 修닦을 수 女여자 녀 ② **우등생** 성적이 높은 학생 優넉넉할 우 等가지런할 등 生날 생 ③ **운영** 무언가를 관리함 運돌 운 營경영할 영 ④ **약자** 힘없고 가난한 사람 弱약할 약 者사람 자 ⑤ **좌우명** 늘 옆에 두면서 교훈으로 삼는 말 座자리 좌 右오른쪽 우 銘새길 명

1
중심
생각

누구에 관한 글인가요?

☐ ☐ ☐ ☐ ☐

2
세부
내용

밑줄 친 ㉠~㉤ 중 마더 테레사가 도운 사람을 가리키는 낱말이 <u>아닌</u> 것은 무엇인가요?

--[   ]

① ㉠   ② ㉡   ③ ㉢   ④ ㉣   ⑤ ㉤

3
세부
내용

이 글에 나와 있지 <u>않은</u> 내용은 무엇인가요? --------------------------[   ]

① 어디서 태어났는지
② 어떤 상을 받았는지
③ 어떤 일들을 하였는지
④ 삶의 목표는 무엇이었는지
⑤ 설립한 고아원의 이름은 무엇이었는지

해설편 020쪽

4
구조
알기

마더 테레사가 살아온 이야기를 순서대로 정리해 보세요.

> (가) 노벨평화상 수상
> (나) 사랑의 선교회를 세움
> (다) 마케도니아에서 태어남
> (라) 가톨릭 성당에서 수녀님이 됨
> (마) 수녀원에서 운영하는 학교에서 선생님으로 일함

☐ → ☐ → ☐ → ☐ → ☐

어려운 낱말 풀이

⑥ **기부금** 어떤 일을 도우려 사람들이 스스로 주는 돈 寄부칠 기 附붙을 부 金돈 금 ⑦ **규모** 대상이나 현상의 크기나 범위 規법 규 模법 모 ⑧ **설립** 대상이나 단체를 만들어 일으킴 設베풀 설 立설 립 ⑨ **봉사** 누군가를 위해 일함 奉받들 봉 仕벼슬할 사 ⑩ **한평생** 살아 있는 동안 -平평할 평 生날 생 ⑪ **길이길이** 아주 오랫동안

5

"죽어가는 사람들을 혼자 두지 마라."라는 말은 마더 테레사의 무엇이었나요? 이 글에서 알맞은 낱말을 찾아 써 보세요.

☐ ☐ ☐

6

이와 같은 글의 목적은 무엇인가요? ┈┈┈┈┈┈┈┈┈┈┈┈┈┈┈┈┈┈┈┈┈┈┈┈ [   ]

① 하루의 일을 기록하기 위함

② 물건의 사용 방법을 설명하기 위함

③ 새로 나온 물건을 소개하고 알리기 위함

④ 앞으로 일어날 일들을 미리 알려주기 위함

⑤ 한 사람에 대해 설명하고 그 사람을 기억하기 위함

7

글의 내용과 다른 이야기를 한 친구는 누구인가요? ┈┈┈┈┈┈┈┈┈┈┈┈┈ [   ]

① 지원 : 마더 테레사께서 또 어떤 일들을 하셨는지 찾아보고 싶어.

② 경희 : 나도 마더 테레사처럼 어려운 사람들을 위해 봉사하고 싶어.

③ 세인 : 제자들도 함께 일을 도와주었다니, 정말 뿌듯하셨을 것 같아.

④ 하나 : 비록 성적이 좋지 않았지만 정말 훌륭한 일들을 많이 하셨구나.

⑤ 지민 : 죽어가는 사람들을 혼자 내버려두지 않겠다는 말이 참 멋진 것 같아.

[1단계] 아래의 낱말에 알맞은 뜻을 선으로 이어 보세요.

[1] 우등생 •   • ㉠ 성적이 높은 학생

[2] 기부금 •   • ㉡ 늘 옆에 두면서 교훈으로 삼는 말

[3] 좌우명 •   • ㉢ 어떤 일을 도우려 사람들이 스스로 주는 돈

[2단계] 아래 문장의 밑줄 친 낱말과 바꿔쓸 수 있는 낱말을 [보기]에서 찾아서 써넣으세요.

> [보기]   규모   설립   봉사

[1] 사랑의 선교회는 그 크기가 커지면서 많은 사람들이 돕기 시작했습니다.

→ ☐☐

[2] 마더 테레사는 기부금으로 고아원을 세웠습니다.

→ ☐☐ 했습니다.

[3] 마더 테레사의 남을 돕는 정신은 세계적으로 인정 받았습니다.

→ ☐☐

[3단계] 낱말 뜻을 읽고 십자말풀이의 빈칸을 채워 보세요.

[1] 강 ↓ 힘이 강한 사람
약 ☐
→ 힘없고 가난한 사람

[2] 무 ↓ 이름이 없거나 알려지지 않음
유 ☐
→ 이름이 널리 알려져 있음

[3] 살아 있는 동안 →
짧고 간단한 말 ↓
☐ 평 생
마
디

시간 **끝난 시간** ☐시 ☐분

1회분 푸는 데 걸린 시간 ☐분

채점 **독해 7문제 중** ☐개

어법·어휘 9문제 중 ☐개

← 스스로 붙임딱지
문제를 다 풀고 맨 뒷장에 있는 붙임딱지를 붙여보세요.

8주 37회 해설편 020쪽

독서 | 논설문

38회

공부한 날 [　]월 [　]일
시작 시간 [　]시 [　]분

독해력 1단계 38회
▲ QR코드를 찍으면
지문 읽기를 들을 수 있어요

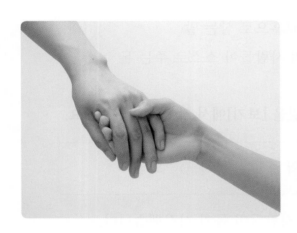

'손을 내밀다.'라는 말의 뜻을 알고 있나요? 손을 내민다는 것은 인사를 하거나 도움을 준다는 뜻입니다. 우리는 친구들에게 먼저 손을 내밀어야 합니다.

손을 내미는 것은 친구들과 사이좋게 지내는 **방법**[①]입니다. 집에서는 부모님과 함께 보내는 시간이 많지만 학교에 가게 되면 친구들과 지내는 시간이 많아집니다. 따라서 친구들과 사이좋게 지내는 것은 중요한 일입니다. 그렇다면 언제, 어떻게 친구에게 손을 내밀어야 할까요?

첫째로 처음 만나는 사람에게 인사하면서 손을 내미는 방법이 있습니다. 서로 손을 잡고 인사를 나누는 것을 '악수'라고 합니다. 어른들도 처음 만나면 손을 마주 잡고 인사를 나눕니다. 이렇게 인사를 나누면 누구와도 친해질 수 있습니다. **어색**[②]해 하는 친구에게 먼저 손을 내민다면 금방 친해질 수 있을 것입니다.

둘째로 ㉠ 도움이 필요한 친구에게 도움을 줄 때 손을 내미는 방법이 있습니다. 친구들을 많이 사귀다 보면 가끔 도움이 필요한 친구가 생길 수 있습니다. 우리는 그때 그 친구에게 ㉡ 손을 내밀어야 합니다. 지우개가 필요한 친구에게 지우개를 빌려주거나 넘어져서 다친 친구를 도와줄 수도 있습니다.

친구들에게 먼저 손을 내밀다 보면 좋은 **우정**[③]을 쌓을 수 있고, 친구들에게 사랑받는 멋진 사람이 될 수 있습니다. 따라서 우리는 친구들에게 먼저 손을 내밀 줄 아는 사람이 되어야 하지 않을까요?

 어려운 낱말 풀이

① **방법** 어떤 일을 해 나가기 위한 수단이나 방식 方모 방 法법 법
② **어색** 잘 모르는 사람과 있어서 자연스럽지 못하게 느낌 語말씀 어 塞막힐 색
③ **우정** 친구끼리 서로 위하는 마음 友친구 우 情뜻 정

1 중심 생각

이 글의 제목을 지어 보세요.

친구에게 먼저 [　] 을 [　][　][　]

2 세부 내용

이 글에서 처음 만나는 친구에게 어떻게 해야 한다고 하였나요? ------------------------ [　　　]

① 모른 척 지나간다.　　　　　　　② 먹을 것을 나눠 준다.

③ 자기 집으로 초대한다.　　　　　④ 아무 말 없이 쳐다본다.

⑤ 손을 내밀며 인사를 건넨다.

3 어휘 표현

밑줄 친 ㉠ 대신에 쓸 수 있는 표현을 고르세요. ------------------------ [　　　]

① 힘이 센　　　　　　　　　　　② 재미있는

③ 무서워하는　　　　　　　　　　④ 어려움에 처한

⑤ 공부를 잘하는

4 구조 알기

아래 표를 완성하며 글을 정리해 보세요.

<table>
<tr><td colspan="2">주 장</td></tr>
<tr><td colspan="2">친구들에게 먼저 손을 내밀자.</td></tr>
<tr><td colspan="2">까 닭</td></tr>
<tr><td colspan="2">[　][　] 들과 사이좋게 지내는 것은 중요한 일이기 때문이다.</td></tr>
<tr><td>방 법 ①</td><td>방 법 ②</td></tr>
<tr><td>처음 만나는 사람에게 인사하면서 손을 내밀자. 서로 손을 잡고 인사하는 것을 [　][　] 라고 한다.</td><td>[　][　] 이 필요한 친구에게 손을 내밀자.</td></tr>
<tr><td>까 닭</td><td></td></tr>
<tr><td>처음 만나는 사람과 금방 친해질 수 있기 때문이다.</td><td></td></tr>
<tr><td colspan="2">결 론</td></tr>
<tr><td colspan="2">[　][　] 들에게 먼저 [　] 을 내밀다 보면 좋은 우정을 쌓을 수 있고, 사랑받는 사람이 될 수 있다.</td></tr>
</table>

해설편 020쪽

5

내용
적용

친구들에게 먼저 손을 내밀어야 하는 까닭은 무엇인지 다음 중에서 2개를 골라 보세요.

[,   ]

① 친구들과 좋은 우정을 쌓을 수 있기 때문에

② 친구들을 자기 마음대로 할 수 있기 때문에

③ 친구들에게 필요한 것을 받을 수 있기 때문에

④ 부모님과 보내는 시간이 많아질 수 있기 때문에

⑤ 친구들에게 사랑받는 멋진 사람이 될 수 있기 때문에

6

추론

다음은 여러 글의 제목입니다. 글의 제목을 보고 이 글처럼 자신의 주장을 나타내고 있는 글은 무엇일지 골라 보세요. [   ]

① 저의 친구를 소개합니다.

② '우주'가 무엇인지 알아봅시다.

③ 부모님 말씀을 잘 들어야 합니다.

④ 김치는 어떤 역사를 가지고 있을까?

⑤ 무선 마우스의 사용법을 알아볼까요?

7

추론

밑줄 친 ㉡과 같은 행동을 보여준 친구는 누구일까요? [   ]

① 지우 : 책을 놓고 온 친구를 놀렸어.

② 예준 : 넘어져서 다친 친구를 도와줬어.

③ 서윤 : 친구에게 빵을 나눠주지 않고 혼자 먹었어.

④ 민재 : 친구에게 지우개를 빌리고 돌려주지 않았어.

⑤ 수빈 : 친구가 도와주기 전까지 내가 먼저 도와주지 않았어.

[1단계] 아래의 낱말에 알맞은 뜻을 선으로 이어 보세요.

[1] 방법 •　　　　　• ㉠ 친구끼리 서로 위하는 마음

[2] 어색 •　　　　　• ㉡ 어떤 일을 해 나가기 위한 수단

[3] 우정 •　　　　　• ㉢ 잘 모르는 사람과 있어서 자연스럽지 못하게 느낌

[2단계] 아래 문장의 빈칸에 알맞은 낱말을 [보기]에서 찾아서 써넣으세요.

> [보 기]　　　　　방법　　　어색　　　우정

[1] 친구와 친해지는 가장 좋은 ☐☐ 은 손을 내미는 것이다.

[2] 너와 나의 ☐☐ 이 영원했으면 좋겠다.

[3] 처음 만나는 사람과 함께 있어서 그런지 ☐☐ 한 기분이 들었다.

[3단계] '손을 내밀다'는 여러 가지 뜻을 가지고 있습니다. 아래의 문장에서 쓰인 '손을 내밀다'의 알맞은 뜻을 선으로 이어 보세요.

[1] 처음 본 친구에게 인사하기　　•　　　　• ㉠ 도움을 주다.
위해 손을 내밀었다.

[2] 넘어진 친구를 돕기　　　　　•　　　　• ㉡ 무엇을 달라고 하다.
위해 손을 내밀었다.

[3] 지우개를 빌리기 위해　　　　•　　　　• ㉢ 악수를 하다.
친구에게 손을 내밀었다.

시간　끝난 시간 ☐시 ☐분　　채점　독해 7문제 중 ☐개
1회분 푸는 데 걸린 시간 ☐분　　　　어법·어휘 9문제 중 ☐개

← 스스로 붙임딱지
문제를 다 풀고
맨 뒷장에 있는
붙임딱지를
붙여보세요.

8주 38회
해설편 020쪽

39회

문학 | 연극

공부한 날 [ ] 월 [ ] 일

시작 시간 [ ] 시 [ ] 분

독해력 1단계 39회

▲ QR코드를 찍으면
지문 읽기를 들을 수 있어요

나오는 인물 : 피노키오, 할아버지, 요정, 귀뚜라미

막이 오른다. 허름한 풍경의 할아버지의 집. 그리고 야위고 허름한 할아버지가 슬피 울고 있다. 울고 있어서 더욱 야위어 보인다. 할아버지의 앞에는 피노키오가 시름시름 앓으면서 누워 있다.

할아버지: (흐느끼며) 피노키오, 피노키오야…. 고래에게서 나를 구하려다가 이렇게 아파 버리다니. 정말 착하고 사랑스러운 아이였는데. 피노키오야….

귀뚜라미: (아무도 들을 수 없게 조용히 속삭이며) 피노키오, 이렇게 죽어 버리면 안 돼. 이제 드디어 할아버지 곁으로 돌아왔는데, 네가 죽어 버리면 할아버지 가 너무 외로우실 거야.

할아버지: 흑흑, 피노키오…, 우리 가엾은 피노키오.

갑자기 집안 한구석에 빛이 생기며 요정이 등장한다. 귀뚜라미는 요정을 보자 깜짝 놀란다. 할아버지는 피노키오 앞에서 엎드려 우느라 요정을 보지 못한다. 요정이 웃으면서 누워 있는 피노키오를 바라본다.

요정: (멀리서 피노키오를 바라보며) 피노키오야, 거짓말 하지 않고, 용감하고, 다른 사람을 배려하면서 착하게 살면, 너는 언젠가 정말 사람이 될 수 있다고 내가 말 했지? 그동안 정말 용감하고 착해졌구나. 자, 이제 너를 사람으로 만들어줄 테 니 그만 일어나렴. 이제 할아버지를 기쁘게 해 드려야지?

요정은 요술봉을 한 번 휘두르더니 조용히 사라진다. 피노키오가 갑자기 눈을 뜨더니 일어난다. 할아버지는 계속해서 흐느끼고 있다.

피노키오: (당황하며) 할아버지! 할아버지! 왜 울고 계세요?

할아버지: (피노키오를 보지 못하고) 왜 우느냐고? 그건 말이야, 내 사랑하는 피노키 오가 나를 구하려다가 많이 다쳐서 너무 아프기 때문이란다.

피노키오: 할아버지! 전 이제 더 이상 아프지 않아요. 전 다 나았고, 그리고… (자신의 몸을 훑어보더니 깜짝 놀라며) 할아버지, 그리고 전 정말 사람이 되었어요!

할아버지는 드디어 뭔가 이상하단 걸 깨닫고 허겁지겁 고개를 들어 피노키오를 바라본다.

할아버지: (　가　) 아니 이럴 수가! 피노키오야, 정말 이제 다 나은 거니? 그리고, 정말로 사람이 되었구나!

귀뚜라미: 정말 잘 됐다! 정말 잘 됐어!

할아버지와 피노키오가 함께 손을 잡고 좋아한다. 요정은 창밖에서 그 광경을 바라보며 웃는다. 막이 내린다.

－연극 「피노키오」

1
요소

이 인형극의 등장인물을 <u>모두</u> 쓰세요.

☐☐☐☐ , ☐☐☐☐ ,
☐☐ , ☐☐☐☐

2
요소

이 연극의 배경이 되는 장소는 어디인지 쓰세요.

할아버지의 ☐

3
요소

피노키오의 성격으로 알맞은 것을 고르세요. ────────────── [　　]

① 용감하다　　　　② 어리석다　　　　③ 조용하다

④ 겁이 많다　　　　⑤ 행동이 느리다

4

세부
내용

이야기의 내용과 맞는 것을 고르세요. ─────────────────── [　　　]

① 할아버지는 피노키오를 야단쳤다.

② 할아버지는 그만 돌아가시고 말았다.

③ 할아버지는 피노키오를 사람으로 만들어 주셨다.

④ 피노키오와 할아버지는 고래 배 속에서 나오지 못했다.

⑤ 요정이 집으로 들어 왔을 때 할아버지는 요정을 보지 못했다.

5

어휘
표현

아래에서 설명하는 낱말을 이 글에서 찾아 쓰세요.

> 무대 앞을 가리는데 쓰이는 물건
>
> 예) [　] 이 오른다.

[　]

6

작품
이해

빈칸 (가)에 들어갈 말로 알맞은 것을 고르세요. ─────────── [　　　]

① 당당하게

② 화를 내며

③ 깜짝 놀라며

④ 조용한 목소리로

⑤ 아무렇지도 않은 듯이

7

추론
적용

다음은 연극을 직접 하기 위해 친구들이 나눈 대화입니다. 옳지 <u>않은</u> 말을 하는 친구를 고르세요. ─────────────────────────────── [　　　]

① 시원 : 피노키오가 사람이 되기 전까지는 나무 인형처럼 분장시켜야겠다.

② 미나 : 귀뚜라미는 원래 작으니까 어떻게 표현하면 좋을까?

③ 재민 : 피노키오가 누워서 시름시름 앓는 모습을 잘 연기해야겠어.

④ 정민 : 요정을 연기하는 친구는 요술봉이 꼭 필요할 것 같아.

⑤ 상우 : 할아버지를 연기하는 사람은 아주 건강한 모습으로 분장시켜야겠어.

39회 어법·어휘편 본문에 나온 어휘들만 따로 모아 복습하는 순서입니다.

[1단계] 아래의 낱말에 알맞은 뜻을 선으로 이어 보세요.

[1] 허겁지겁 •　　　　　　　　• ㉠ 병을 앓아 아픈 모양

[2] 시름시름 •　　　　　　　　• ㉡ 조급한 마음으로 몹시 허둥거리는 모양

[2단계] 빈칸에 알맞은 낱말을 [보기]에서 골라 쓰세요.

> [보 기]　　　　　　　　허겁지겁　　　　시름시름

[1] 할아버지께서 ☐☐☐☐ 앓으시더니, 몸져누우시고 말았다.

[2] 도둑은 경찰을 보더니 ☐☐☐☐ 도망가기 시작했다.

[3단계] [보기]는 문장 안에서 띄어 읽는 법에 대한 설명입니다. [보기]를 읽고 아래 문장의 빈칸에 쐐기표(∨)나 겹쐐기표(≈)를 알맞게 넣어 보세요.

> [보 기]　쐐기표(∨): 쉼표(,) 뒤에 표시하고 읽을 때 조금 쉬어 읽습니다.
>
> 　　　　　겹쐐기표(≈): 마침표(.), 느낌표(!), 물음표(?) 뒤에 표시하고
>
> 　　　　　　　　　　읽을 때 쐐기표보다 조금 더 쉬어 읽습니다.

피노키오 : 할아버지! ☐ 할아버지! ☐ 어디 계세요? ☐

할아버지 : 이게 무슨 소리지? ☐ 아니야, ☐ 이 깊은 고래 배 속

에서 피노키오의 목소리가 들릴 리가 없지. ☐

시간　**끝난 시간** ☐시 ☐분　　채점　**독해** 7문제 중 ☐개

　　　1회분 푸는 데 걸린 시간 ☐분　　　　**어법·어휘** 10문제 중 ☐개

← 스스로 붙임딱지
문제를 다 풀고
맨 뒷장에 있는
붙임딱지를
붙여보세요.

8주 | 39회 **179**

문학 | 동화 | 관련교과 : 초등국어4-1㉮ 5.내가 만든 이야기

40회

공부한 날 [ ]월 [ ]일
시작 시간 [ ]시 [ ]분

독해력 1단계 40회
▲ QR코드를 찍으면
지문 읽기를 들을 수 있어요

　옛날에 가난한 선비가 살았습니다. 선비에게는 아버지께서 **물려주신**① 조그만 집 한 채와 집 마당에 자라는 감나무가 있었습니다. 가을이 되면 선비는 감나무에 열린 감을 팔아 돈을 벌었습니다. 그 덕분에 선비와 가족들은 다행히 **끼니**②를 거르지 않고 재미있게 살 수 있었습니다.

　어느 **화창한**③ 가을날이었습니다. 갑자기 많은 까마귀들이 몰려와 감나무의 감을 모두 먹어버렸습니다. 선비는 안타까워하며 말했습니다.

　"㉠이런, 큰일이다. 나한테 있는 것이라고는 이 감나무뿐인데. 이제 나는 무얼 해서 돈을 벌어오지?"

　선비의 말을 들은 까마귀 한 마리가 선비에게 다가와 말했습니다.

　"정말 죄송합니다. 저희가 귀한 감을 모두 먹어 버렸군요. 대신 저희가 많은 금이 쌓여 있는 곳으로 데려다 드릴 테니 조그만 주머니를 만들어 두세요."

　까마귀는 그 말을 남기고 어디론가 훨훨 날아갔습니다. 선비는 까마귀의 말을 믿어 조그만 주머니를 만들었습니다.

　며칠 뒤 몸집이 사람보다 훨씬 큰 까마귀가 선비를 찾아왔습니다.

　"안녕하세요. 저는 까마귀 나라의 임금 까마귀입니다. 당신 덕분에 저희가 귀한 감을 먹었으니 은혜를 갚고자 합니다. 말씀드린 주머니는 다 만드셨나요?"

　"그래, 여기 만들어 두었단다."

　임금 까마귀는 선비를 등에 태우더니 하늘을 날아갔습니다. 수많은 산과 강을 지났습니다. 얼마나 날았을까요? 드디어 **사방**④이 금으로 가득한 산이 보였습니다. 선비는 수많은 금을 보고 입이 쩍 벌어졌습니다. 임금 까마귀는 그곳에 선비를 내려주며 말했습니다.

　"바로 이곳입니다. 금은 주머니에 담을 만큼 얼마든지 가져가도 좋아요."

선비는 기뻐하며 말했습니다.

"ⓛ정말 그래도 되는 거니?"

주머니에 금을 어느 정도 담자 선비가 말했습니다.

"이 정도면 우리 식구들이 행복하게 먹고 살기 충분하겠구나. 정말 고마워!"

"당신은 마음이 착하고 욕심을 부리지 않으시는군요. 이제 제 등에 다시 올라타세요."

선비가 다시 등에 오르자 임금 까마귀는 다시 선비를 집으로 데려다주었습니다. 은혜 갚은 까마귀 덕분⑤에 선비는 가족들과 행복하게 살았습니다.

－「은혜 갚은 까마귀」

1
중심
생각

이야기에 어떤 동물이 등장하는지 쓰세요.

☐ ☐ ☐

2
요소

선비가 아버지에게 물려받은 것을 골라 <u>모두</u> ○표를 하세요.

감나무	황금	집	송아지

3
세부
내용

까마귀는 선비에게 왜 주머니를 만들어 놓으라고 했는지 빈칸에 들어갈 낱말을 이야기에서 찾아 쓰세요.

선비가 주머니에 ☐ 을 챙길 수 있도록 하기 위해서

4
세부
내용

이야기의 내용과 맞는 것을 고르세요. ────────── [   ]

① 선비는 가을이면 논에서 키운 쌀을 팔았다.

② 선비의 집은 매우 가난하여 끼니를 자주 거르곤 했다.

③ 선비는 까마귀들이 감을 먹어버리자 박수를 치며 기뻐했다.

④ 까마귀들은 선비에게 사과를 하고 감을 몽땅 다시 되돌려주었다.

⑤ 임금 까마귀는 선비를 태우고 금이 있는 산에 데리고 가 내려주었다.

🧻 **어려운 낱말 풀이** | ① **물려주신** 돈 등의 재산을 남겨주신 ② **끼니** 아침, 점심, 저녁과 같이 날마다 일정한 시간에 먹는 밥. 또는 그렇게 먹는 일 ③ **화창한** 날씨가 맑고 좋은 和좋을 화 暢펼 창- ④ **사방** 앞, 뒤, 왼쪽, 오른쪽을 통틀어 이르는 말 四넉 사 方방향 방 ⑤ **덕분** 베풀어 준 은혜나 도움 德덕 덕 分나눌 분

해설편 021쪽

5

밑줄 친 ⊙과 ⓛ에서 선비가 느꼈을 기분으로 알맞은 것을 고르세요. ················· [   ]

| ⊙ 이런, 큰일이다. 나한테 있는 것이라곤 이 감나무뿐인데. | → | ⓛ 정말 그래도 되는 거니? |

①   기쁨   →   실망

②   걱정   →   기쁨

③   기대   →   미안함

④   미안함   →   부끄러움

⑤   부끄러움   →   혼란스러움

6

이야기를 읽고 친구들이 대화를 나누었습니다. 이야기의 내용과 다른 의견을 말하는 친구는 누구인지 고르세요. ················· [   ]

① 지은: 나도 이야기의 선비처럼 집에서 감나무를 키우고 싶어.

② 가람: 이 이야기처럼 까마귀 같은 동물들과 대화할 수 있다면 얼마나 좋을까?

③ 병훈: 만약 내가 선비였다면 까마귀들에게 어떻게 행동했을지 궁금해.

④ 시연: 선비는 주머니에 구멍을 내는 실수를 했던데 나는 그렇지 않게 조심해야지.

⑤ 여준: 나는 이야기의 까마귀들처럼 은혜를 갚을 줄 알아야 한다는 것을 배웠어.

7

[보기]를 참고하여, 만약 선비가 욕심을 부려서 금을 너무 많이 담았다면 어떤 일이 벌어졌을지 바르게 상상한 것을 고르세요. ················· [   ]

> [보기]   동화는 우리에게 수많은 배울 점을 줍니다. 그 중 하나는 '착하게 살자'는 내용입니다. 보통 동화에서 착하게 살지 않고 욕심을 부리는 사람은 끝에 벌을 받게 됩니다.

① 혼자 금이 쌓인 산에 남아 행복하게 살았을 것이다.

② 더 많은 금을 갖게 되어 더 큰 부자가 되었을 것이다.

③ 가족들을 불러 모아 더 많은 금을 가지고 집에 돌아갔을 것이다.

④ 많은 금을 챙겨 어려운 사람에게 나눠주고 임금님께 칭찬을 받았을 것이다.

⑤ 까마귀가 금이 무겁다며 혼자 날아가는 바람에 선비는 집에 돌아가지 못했을 것이다.

[1단계] 아래의 낱말에 알맞은 뜻을 선으로 이어 보세요.

[1] 끼니 •

[2] 사방 •

[3] 덕분 •

• ㉠ 앞, 뒤, 왼쪽, 오른쪽을 통틀어 이르는 말

• ㉡ 베풀어 준 은혜나 도움

• ㉢ 아침, 점심, 저녁과 같이 날마다 일정한 시간에 먹는 밥

[2단계] 아래 문장의 빈칸에 알맞은 낱말을 [보기]에서 찾아서 써넣으세요.

[보 기]   끼니   사방   덕분

[1] 위험한 곳에서는 ☐☐ 을 잘 살펴봐야 해.

[2] 잊지 말고 꼭 ☐☐ 를 제때 챙겨 먹어야 해.

[3] 고마워 네 ☐☐ 에 나도 잘 해낼 수 있었어.

[3단계] 아래 문장을 읽고 맞춤법에 맞게 쓴 낱말에 ○표를 하세요.

[1] 저희가 ⎡ 귀안 / 귀한 ⎤ 감을 모두 먹어버린 것이로군요.

[2] 선비는 수많은 금을 보고 입이 쩍 ⎡ 벌어졌습니다. / 벌허졌습니다. ⎤

[3] ⎡ 행보카게 / 행복하게 ⎤ 먹고 살기 충분하겠구나.

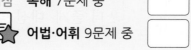

시간 끝난 시간 ☐시 ☐분
1회분 푸는 데 걸린 시간 ☐분

채점 독해 7문제 중 ☐개
어법·어휘 9문제 중 ☐개

← 스스로 붙임딱지
문제를 다 풀고 맨 뒷장에 있는 붙임딱지를 붙여보세요.

8
주
40
회

해설편 021쪽

적다(○) / 작다(×)

즐거운 급식시간입니다. 오늘 식단에 떡볶이가 있기 때문에 학생들은 모두 기대하며 신이 났습니다. 재열이도 식판을 들고 떡볶이를 먹을 생각에 싱글벙글했습니다.

재열: 떡볶이 많이 주세요.

배식 도우미: 그래 많이 먹으렴.

재열: 조금 더 주세요. 너무 작아요.

배식 도우미: 양이 작아? 더 줄게. 대신 먹고 남기면 안 된다.

재열: 네. 다 먹을 거예요. 고맙습니다.

"양이 작다."의 '작다'는 '적다'를 잘못 쓰는 것입니다. '작다'는 크기가 보통에 못 미치는 것을 가리키고, '적다'는 수나 양이 보통에 못 미치는 것을 가리킵니다. '크다'의 반대말이 '작다'이고, '많다'의 반대말이 '적다'인 것을 기억하면 언제나 정확하게 구별하여 쓸 수 있습니다.

바르게 고쳐 보세요.

재열: 조금 더 주세요. 너무 **작아**요.

　　→ 조금 더 주세요. 너무 ☐☐요.

배식 도우미: 양이 **작아**? 더 줄게. 대신 먹고 남기면 안 된다.

　　→ 양이 ☐☐? 더 줄게. 대신 먹고 남기면 안 된다.

뿌리깊은 초등국어 독해력

낱말풀이 놀이

놀이를 하면서 그동안 공부했던 낱말을 복습해 보세요.

놀이 준비하기

뒤쪽에 있는 카드는 **접선에 따라 자른 후**
문제가 있는 면을 위로 하여 쌓아 두세요.

자른 카드는
**낱말풀이 카드
두는 곳**에
쌓아 두세요.

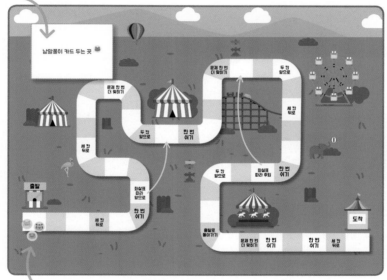

놀이 방법 설명서 뒤쪽에
놀이판이 있습니다.

카드가 있는 쪽의 첫 번째 칸에
놀이용 말 이 있습니다.
사람 수대로 잘라 **출발 칸**에 두세요.

※칼이나 가위를 쓸 때는 꼭 부모님과 함께 하세요.

놀이하는 방법

❶ 가위바위보 등을 하여 순서를 정하세요.
❷ 순서대로 가장 위에 있는 카드의 문제를 보고 맞히세요.
❸ 처음 문제를 본 친구가 문제를 풀지 못하면 다음 순서로 넘어갑니다.
❹ 문제를 풀었다면 카드에 적힌 숫자만큼 놀이말을 움직이세요.
❺ 만약 모든 친구가 문제를 풀지 못했다면 그 카드를 맨 밑에 넣으세요.
❻ 가장 먼저 도착한 친구가 승리하는 놀이입니다.

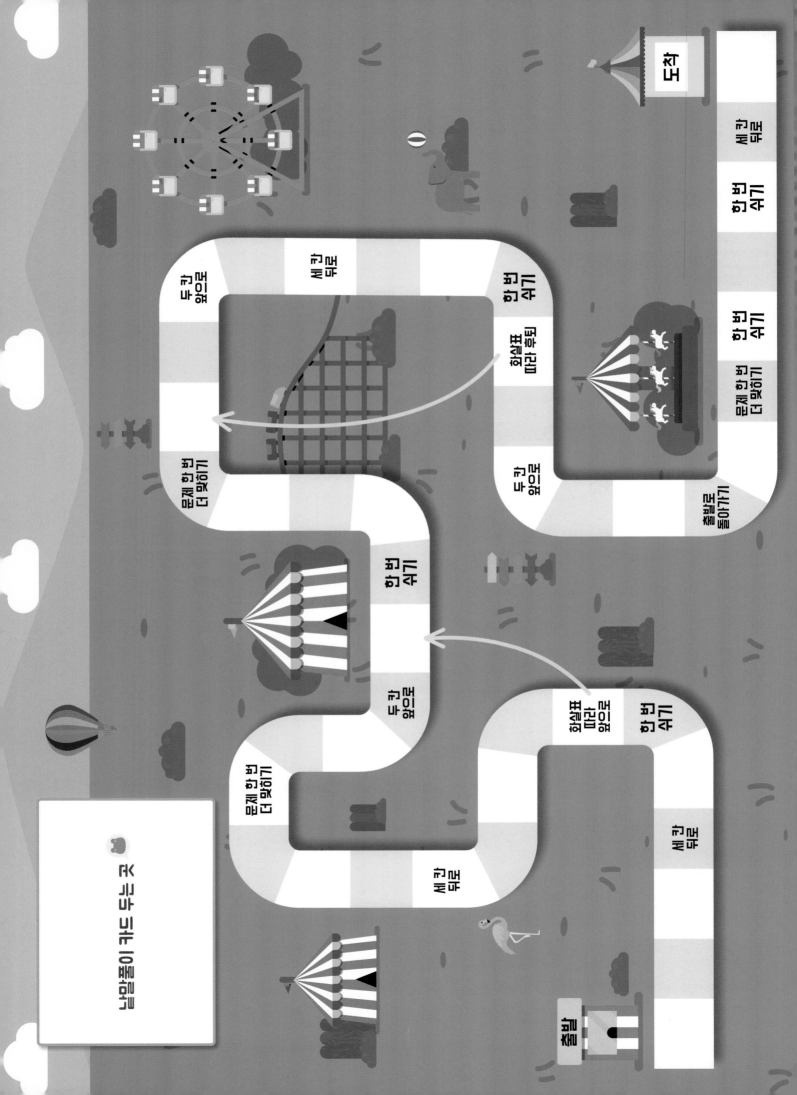

하루 15분 국어 독해력의 기틀을 다지는

뿌리깊은
초등국어
독해력
정답과 해설

1 단계

초등 1·2학년
대상

MOTHERTONGUE
마더텅출판사
since1999.4.1.

이 책에 실린 작품

회차	제목	지은이	나온 곳	쪽수
4	달팽이	김동극	한국문학예술저작권협회	22쪽
5	토끼와 호랑이	이현선	사계절, 〈토끼와 호랑이〉	26쪽
9	딱지 따먹기	강원식	한국문학예술저작권협회	44쪽
9	치과에서	김시민	한국문학예술저작권협회	46쪽
14	솜사탕	정근	한국음악저작권협회 (KOMCA 승인필)	66쪽
19	그만뒀다	문삼석	한국문학예술저작권협회	88쪽
24	포도나무	어효선	한국문학예술저작권협회	110쪽
34	포도알	서정숙	한국문학예술저작권협회	154쪽
35	넌 멋쟁이야	이성자	한국문학예술저작권협회	158쪽

이 책에 쓰인 사진 출처

회차	제목	출처	쪽수
4	달팽이	http://illustplus.link-lds.com/illusts/4614	22쪽
4	4번 문제	gettyimagesbank	23쪽
4	6번 문제	https://tsukatte.com	24쪽
4	어법·어휘 2단계	https://pxhere.com/ko/photo	25쪽
11	원주민	https://ko.wikipedia.org/wiki/File:Qamutik_1_1999-04-01.jpg	56쪽
22	무당벌레	https://commons.wikimedia.org/	102쪽
26	방정환	https://ko.wikipedia.org/wiki/	120쪽
32	춘천 기행문	https://www.flickr.com/photos/eggnara/2461446886	146쪽
33	논 체험 교실	https://commons.wikimedia.org/	153쪽
36	개미 왕국	https://commons.wikimedia.org/	164쪽
37	마더 테레사	https://en.wikipedia.org/	168쪽

하루 15분 국어 독해력의 기틀을 다지는

뿌리깊은
초등국어
독해력
정답과 해설

1 단계

초등 1·2학년
대상

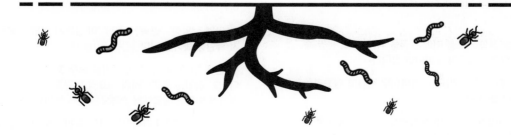

01회 본문 10쪽

1 개구리, 올챙이
2 올챙이, 개구리
3 ④
4 (라) → (나) → (가) → (다)
5 알, 알, 올챙이, 올챙이, 개구리
6 우무질
7 ⑤

어법·어휘편

[1단계]
(1) 투명 - ⓒ 속까지 환히 보일 만큼 맑음
(2) 구분 - ㉠ 전체를 미리 정한 기준에 따라 나눔
(3) 동안 - ⓛ 언제부터 언제까지
(4) 다음 - ㉣ 이번 순서 바로 뒤

[2단계]
(1) 만지면 (2) 가지고 (3) 움직여 (4) 자라는

[3단계]
(1) 올챙이   (2) 개구리   (3) 웅덩이

1. 이 글은 개구리의 한살이 과정을 설명한 글입니다. 올챙이가 자라서 개구리가 되는 과정을 나타낸 글이므로 가장 많이 나온 낱말은 '개구리', '올챙이'입니다.

2. 이 글은 올챙이가 개구리로 자라는 과정을 설명하고 있습니다.

3. 올챙이는 뒷다리가 먼저 나오고, 뒷다리가 자라는 동안 앞다리가 나오며, 앞다리가 다 나온 다음 꼬리가 짧아진다는 내용이 설명되어 있으므로 ④의 내용은 틀린 말입니다.

4. 알에서 올챙이로 자라고, 다리가 생기며 꼬리가 짧아진 후에 개구리가 되므로, (라) → (나) → (가) → (다)입니다.

5. 이 글은 3문단으로 구성되어 있는데 1문단은 '개구리 알의 특징', 2문단은 '알에서 부화한 올챙이의 특징', 3문단은 '올챙이가 개구리의 모습이 되기까지'를 설명하고 있습니다.

6. 개구리의 알은 투명한 젤리처럼 생긴 '우무질'에 감싸져 있기 때문에 미끌미끌하다고 했습니다.

7. '양서류'란 땅과 물 모두에서 살 수 있는 동물인데, ⓜ 부분에서 물과 땅을 오갈 수 있는 개구리의 특성을 말하고 있습니다.

어법·어휘편 해설

[1단계] 낱말의 뜻을 정확히 모를 때에는 글을 다시 읽고, 문장 속에서 낱말이 어떤 뜻으로 쓰였을지 살펴봐야 합니다.

[2단계] 문장에서 주어(-이, -가)나 목적어(-을, -를)에 어울리는 말을 <보기>에서 찾아 쓰면 됩니다.

[3단계] 그림에서 가리키는 낱말의 모음자를 씁니다. 예를 들어 '웅덩이'에서 모음자는 'ㅜ, ㅓ, ㅣ'입니다.

02회 본문 14쪽

1 ④
2 동지, 설날, 추석
3 (1) × (2) ○ (3) × (4) ×
4 팥죽
5 추석, 음력, 떡국, 팥죽
6 민속
7 ③

어법·어휘편

[1단계]
(1) 명절 - ⓛ 해마다 일정하게 지켜서 즐기거나 기념하는 때
(2) 민속 - ⓒ 옛날부터 조상들에게서 전해 내려오는 전통
(3) 대표적 - ㉠ 어떠한 집단이나 일을 어느 것 하나로 잘 …

[2단계]
(1) 명절   (2) 대표적   (3) 민속

[3단계]
(1) 송편   (2) 윷놀이   (3) 팥죽

1. 이 글에서는 우리나라의 많은 명절 가운데에서 대표적인 것 몇 가지를 설명하고 있습니다.

2. 글에서 소개하고 있는 명절은 설날, 추석, 동지입니다.

3. (1) 우리나라에는 명절이 많다. → ×
(2) 추석은 음력 8월 15일이 맞다. → ○
(3) 설날에는 떡국을 먹고, 송편은 추석에 먹는다. → ×
(4) 동지 때는 팥죽을 먹고, 세배는 설날에 한다. → ×

4. 동지는 1년 중 낮의 길이가 가장 짧고, 팥죽을 만들어 먹는 날입니다.

5. 설날은 음력 1월 1일이고 떡국을 먹습니다. 추석은 음력 8월 15일이고 송편을 먹습니다. 동지는 양력으로 12월 21일이나 22일이고 팥죽을 먹습니다.

6. '민속'은 옛날부터 백성들 사이에서 전해 내려온 생활 풍속이나 습관, 신앙, 기술, 문화 등을 통틀어서 이르는 말입니다.

7. 동지는 1년 중에 낮의 길이가 가장 짧고, 밤의 길이가 가장 긴 날이므로 '나은'이가 한 말은 옳지 않습니다.

어법·어휘편 해설

[1단계] '명절', '민속', '대표적'이 글에서 어떤 뜻으로 사용되었는지 확인해 봐야 합니다.

[2단계] (1) 설날, 추석, 동지를 모두 포함하는 낱말은 '명절'입니다. (2) 김치는 우리나라의 대표적인 전통 음식입니다. (3) 윷놀이, 제기차기 등은 예로부터 전해오는 민속 놀이입니다.

[3단계] 그림에서 가리키는 것은 '송편', '윷놀이', '팥죽'입니다.

1 ④
2 ②
3 (1) 김예린 (2) 토요일 (3) 오후 3시
4 ①
5 ③
6 연락, 생일잔치
7 ②

어법·어휘편

[1단계]
(1) 초대 - ㉣ 어떤 모임에 와줄 것을 부탁하는 일
(2) 잔치 - ㉢ 기쁜 날 음식을 차려놓고 여러 사람
　　　이 모여…
(3) 축하 - ㉠ 남의 좋은 일을 기뻐하고 즐거워해…
(4) 연락 - ㉡ 어떤 사실을 상대방에게 알리는 일

[2단계]
(1) 초대　(2) 연락　(3) 축하

[3단계]
(1) 하나 (2) 둘 (3) 셋 (4) 넷 (5) 다섯
(6) 여섯 (7) 일곱 (8) 여덟 (9) 아홉 (10) 열

1. 이 글의 제목은 '김예린 생일잔치 초대장'이며, 예린이가 생일잔
치에 친구들을 초대하기 위해서 쓴 것입니다.

2. 초대장에 적힌 생일잔치 날짜와 시간은 '3월 9일 토요일 오후 3
시'입니다.

3. (1) 초대장을 보낸 사람은 '김예린'입니다.
　(2) 생일잔치의 날짜는 '3월 9일 토요일'입니다.
　(3) 생일잔치를 여는 시간은 '오후 3시'입니다.

4. '여덜 번째'는 맞춤법에 맞지 않습니다. 바른 맞춤법은 '여덟 번
째'입니다.

5. 초대장에는 초대 받는 사람이 올바르게 찾아올 수 있도록 시간
과 장소를 적어야 합니다. 시간과 장소는 같은 부분에 적어야 하므
로 (다)에 장소가 들어가는 것이 알맞습니다.

6. 초대장의 끝부분에 '못 오는 친구들은 꼭 내 전화번호로 연락을
해 줘.'라고 쓰여 있으므로, 미리 연락을 해 주어야 예린이가 기다리
지 않게 됩니다.

7. 첫 번째 생일에는 돌잔치를 열어 축하해 줍니다.

어법·어휘편 해설

[1단계] 확실하게 알고 있는 낱말의 뜻을 먼저 연결하고, 글에서
낱말이 어떤 뜻으로 쓰였는지 살펴본 후 뜻을 찾아야 합니다.

[2단계] (1) 어떤 모임에 와 줄 것을 청하는 일은 '초대'입니다. (2)
다른 사람에게 소식을 알리는 것은 '연락'입니다. (3) 남의 좋은 일
에 기쁘게 인사하는 일은 '축하'입니다.

[3단계] 숫자를 우리말로 순서대로 쓰면 '하나, 둘, 셋, 넷, 다섯,
여섯, 일곱, 여덟, 아홉, 열'입니다.

1 달팽이
2 ④
3 ③
4 (2)에 ○
5 ③
6 ③
7 집, 걱정

어법·어휘편

[1단계]
(1) 지다 - ㉢ 물건을 어깨나 등에 얹다.
(2) 보다 - ㉠ 돌보거나 지키다.
(3) 다니다 - ㉡ 이리저리 오고 가다.

[2단계]
(2)에 ○

[3단계]
자물쇠

1. 이 시에서 가장 중심이 되는 낱말은 '달팽이'입니다.

2. 이 시를 쓴 사람은 달팽이가 움직이는 모습을 관찰하고 시를 썼
습니다. 따라서 시를 쓴 사람은 ④ 달팽이를 관찰하고 있다는 것을
알 수 있습니다.

3. 이 시를 읽고 시의 말하는 이가 ①, ②, ④, ⑤와 같은 생각을 했
다는 것을 알 수 있습니다. 정답은 ③입니다.

4. ㉠'지고'는 '물건을 어깨나 등에 얹고'라는 뜻입니다. 물건이 든
자루를 어깨에 얹고 있는 그림인 (2)가 ㉠의 뜻과 어울리는 그림입
니다.

5. 시의 말하는 이는 달팽이가 집을 지고 다니기 때문에 달팽이는
집 볼 사람과 자물쇠가 필요 없고, 비가 오거나 날이 저물어도 걱정
이 없을 것이라고 생각했습니다.

6. 달팽이와 소라게는 집을 등에 지고 다닌다는 공통점이 있습니
다. 그래서 달팽이와 바꾸어 쓸 수 있는 동물은 ③ 소라게가 가장
적절합니다.

7. 이 시의 내용을 달팽이가 자기를 소개하며 한 말이라고 생각하
며 글을 완성해 보는 문제입니다. 달팽이는 집을 등에 지고 다닙니
다. 그래서 비가 와도, 날이 저물어도 걱정이 없습니다.

어법·어휘편 해설

[1단계] (1) '지다'는 '물건을 어깨나 등에 얹다'라는 뜻의 낱말입
니다. (2) '보다'는 '돌보거나 지키다'라는 뜻의 낱말입니다. (3) '다
니다'는 '이리저리 오고 가다'라는 뜻의 낱말입니다.

[2단계] '해가 저물다'는 '해가 져서 어두워지는 것'을 뜻합니다. 해
가 저물어서 주위가 어두워지고 있는 (2)가 정답입니다.

[3단계] '열고 닫게 되어 있는 물건을 잠그는 도구'라는 뜻을 가진
낱말은 '자물쇠'입니다.

1 ①
2 토끼, 호랑이
3 호랑이 - 성급함, 어리석음 / 토끼 - 지혜로움, 침착함
4 ③
5 (라) → (나) → (가) → (바) → (다) → (마)
6 맛있는 떡
7 ④

어법·어휘편

[1단계]
(1) 갑자기 - ⓒ 생각할 틈도 없이 빨리
(2) 제발 - ㉠ 간절히 바라건대
(3) 참 - ⓒ 정말

[2단계]
(1) 갑자기   (2) 제발   (3) 참

[3단계]
(1) ㅌㄲ   (2) ㅎㄹㅇ   (3) ㄲ

---

1. 이 이야기는 토끼가 꾀를 부려 호랑이에게 잡아먹힐 위기에서 벗어나는 내용입니다.

2. 이야기에 등장하는 인물은 '토끼'와 '호랑이'입니다.

3. 호랑이는 토끼의 기다리라는 말을 듣지 않고 뜨거운 돌멩이를 먹었으므로 성급하고, 어리석은 성격입니다. 토끼는 침착하고 지혜롭게 꾀를 내어 호랑이에게서 도망을 쳤습니다.

4. 토끼는 꿀을 가지러 간다는 말을 하고 도망갔으므로 돌멩이에 꿀을 찍어주지는 않았습니다.

5. 호랑이가 토끼를 잡아먹으려 하자 토끼는 호랑이에게 떡을 구워주겠다고 속여 돌멩이를 불에 구웠습니다. 그리고 꿀을 가져오겠다며 토끼가 도망간 사이에 호랑이는 돌멩이를 삼켜 엉엉 울었습니다.

6. 토끼는 호랑이에게 '맛있는 떡'을 구워주겠다고 했습니다.

7. 토끼의 입장에서 생각해 보면 아무리 위험한 일이 생겨도 침착하게 지혜를 발휘하면 빠져나올 수 있다는 교훈을 얻을 수 있습니다. 그러한 교훈이 담긴 속담은 ④번입니다.

어법·어휘편 해설

[1단계] (1)은 아주 빨리 일어난 일을, (2)는 간절하게 바란다는 뜻을, (3)은 정말이라는 뜻을 나타냅니다.

[2단계] (1)에서 호랑이는 아주 빨리 나타났습니다. (2)는 토끼가 호랑이에게 간절하게 바라고 있습니다. (3)은 호랑이가 돌멩이를 떡으로 착각하고 정말 맛있겠다고 생각하는 내용입니다.

[3단계] 그림이 나타내는 낱말의 자음자를 씁니다. 그림은 '토끼', '호랑이', '꿀'을 나타낸 것입니다.

---

1 병원   2 내과, 소아청소년과, 정형외과, 치과, 안과, 이비인후과
3 (1) ×   (2) ×   (3) ○   (4) ○
4 ②   5 낳을 수 → 나을 수   6 ①
7 (1) ㉠ 소아청소년과   (2) ⓒ 치과
   (3) ⑩ 이비인후과 (4) ⓛ 정형외과 (5) ㉣ 안과

어법·어휘편

[1단계]
(1) 치료 - ⓒ 병이나 상처 따위를 잘 다스려 …
(2) 분류 - ㉠ 종류에 따라 나눔
(3) 필요 - ⓒ 반드시 요구되는 바가 있음

[2단계]
(1) 분류   (2) 치료   (3) 필요

[3단계]
(1) 뼈   (2) 눈   (3) 이

---

1. 글 전체를 통해 '병원'의 종류와 그 특징에 대하여 설명하고 있습니다. 부분에 치우치기보다 전체를 보는 연습을 해봅시다.

2. 첫 번째 문단에 간단하게 제시되어있고, 두 번째 문단에 병원의 종류별로 설명이 되어있습니다.

3. 두 번째 문단에서 다음 내용을 확인할 수 있습니다.
(1) 병원은 필요에 따라 수술을 하지 않을 수도 있습니다.
(2) 다른 종류의 외과도 존재합니다.
(3) 어린이가 감기에 걸렸을 때는 소아청소년과에 가면 됩니다.
(4) 정형외과는 뼈 또는 관절이 아플 때 가는 병원입니다.

4. 첫 번째 문단에 '어디를 치료하는가에 따라 분류된'이라고 제시되어있습니다.

5. '낫다'는 병이나 상처 따위가 고쳐져 본래대로 된다는 말입니다.
예) 감기가 낫다(○), 감기가 낳다(×)
   '낳다'는 '배 속의 아이나 새끼, 알을 몸 밖으로 내놓는다'라는 의미입니다.

6. 두 번째 문단 '내과와 달리 필요에 따라 수술을 하는 병원'을 보면, 내과는 수술을 하지 않는다고 추론할 수 있습니다.

7. 그림을 해석하여 글의 내용과 연결시켜봅시다. 배가 아픈 어린이는 소아청소년과에 가야 합니다.

어법·어휘편 해설

[1단계] '치료'는 '아픈 곳을 낫게 해주다'라는 의미입니다. '분류'는 어떤 기준을 가지고 나눈다는 말입니다. '필요'는 무엇인가 하기 위해 반드시 있어야 하는 상황을 말합니다.

[2단계]
(1) 계절을 봄, 여름, 가을, 겨울로 '분류' 할 수 있습니다.
(2) 약을 발라 상처를 '치료'합니다.
(3) 학교 수업을 하기 위해 준비물이 '필요'합니다.

[3단계] 본문을 참고해서 단어를 찾아보면, '뼈', '눈', '이'입니다.

1 ①, ⑤
2 충치
3 (1) ○ (2) ○ (3) × (4) ×
4 ④
5 2.우리 입 속의 충치 균이 이를 썩게 만듭니다.
　 4.양치질을 잘해야 충치를 예방할 수 있습니다.
6 3분, 3분, 3번
7 ㉲

어법·어휘편

[1단계]
(1) 균 - ㉡ 동식물에 붙어살면서 썩게 하거나 병을
　　일으키는 작은 생물
(2) 성분 - ㉢ 물체를 이루는 바탕이 되는 원소…
(3) 예방 - ㉠ 병이나 사고 같은 것이 나지 않게 미
　　리 막는 것
[2단계]
(1) 성분 (2) 예방 (3) 균
[3단계]
(1) 치아 (2) 이 (3) 이빨

---

1 박성재, 아래층
2 ④
3 (1) × (2) ○ (3) ○ (4) ○
4 올림　　　　　　　　5 초등학생, 부모님
6 보낸 날짜　　　　　　7 ②

어법·어휘편

[1단계]
(1) 요즘 - ㉡ 얼마 전부터 지금까지
(2) 사건 - ㉢ 사람들의 관심을 끄는 일
(3) 이해 - ㉠ 남이 처한 상황이나 마음을 잘 알아
　　너그럽게 받아들이는 일
[2단계]
(1) 정말 (2) 특히 (3) 아직
[3단계]
(1) 께 (2) 저 (3) 저희 (4) 올림

---

1. 첫 번째 문단부터 세 번째 문단까지는 충치가 생기는 이유에 대해 설명하고 있고, 네 번째 문단에서는 충치를 예방하는 방법을 설명하고 있습니다.

2. 글에서 가장 중심 되는 낱말은 가장 많이 제시된 낱말을 보고 유추할 수 있습니다.

3. '충치는 단 음식을 좋아한다.', '양치질은 한 번에 3분 동안 한다.'라고 제시되어있습니다.

4. '우유는 이에 좋은 음식'이라고 제시되어있습니다. ④외에는 충치 균이 좋아하는 '단 음식'입니다.

5. 문단의 중심생각을 순서에 따라 정리해봅시다.

6. 본문의 네 번째 문단의 내용을 통해 적용할 수 있습니다.

7. '우유나 멸치는 이에 좋은 음식'이라는 내용을 통해 추론할 수 있습니다.

어법·어휘편 해설

[1단계] '균'은 동식물에 기생하여 발효나 부패, 병 따위를 일으키는 단세포의 미생물을 말합니다. '성분'은 유기적인 통일체의 한 부분을 말합니다. '예방'은 미리 대처하여 막는 것을 말합니다.

[2단계] (1) 충치 균은 이를 녹이는 '성분'을 만들어냅니다.
(2) 이를 닦아야 충치가 생기는 것을 '예방'할 수 있습니다.
(3) 입 속에는 충치 '균'이 살고 있습니다.

[3단계] 나이가 많은 어른이신 '할아버지'에게는 '치아'가 어울리고, 보통 상황에서는 '이'가 어울리고, 동물인 '강아지'에게는 '이빨'이 어울립니다.

---

1. 본문의 첫 부분에 받는 사람, 마지막 부분에 보내는 사람이 제시되어 있습니다.

2. 글 전체적으로 '박성재'는 '아래층 사시는 분'에게 미안하고 죄송한 마음을 가지고 있습니다.

3. (1) '아래층'이라는 말에서 1층이 아니라는 것을 유추할 수 있습니다.
(2) '쪽지까지 보내셨는데'라는 말에서 아래층에서 쪽지를 보냈었다는 것을 알 수 있습니다.

4. ▷올림 : 아랫사람이 윗사람에게 편지나 선물을 보낼 때 '그것을 올린다'라는 뜻입니다.
-비슷한 말 : 드림.

5. 밖에 나가서 놀지 못하는 이유는 '초등학생'을 대상으로 하는 범죄가 많아서 '부모님'께서 밖에 나가서 놀지 못하게 했기 때문입니다.

6. 본문에 '보낸 날짜'는 나와 있지 않습니다.

7. ②의 내용은 본문에 제시되어있지 않습니다.

어법·어휘편 해설

[1단계] '요즘'은 바로 얼마 전부터 이제까지의 무렵을 나타내는 말입니다. '요즈음'을 줄인 말입니다. '사건'은 사회적으로 문제를 일으키거나 주목을 받을 만한 뜻밖의 일을 말합니다. '이해'는 남의 사정을 잘 헤아려 너그러이 받아들인다는 말입니다.

[2단계] '정말'은 거짓이 없이 말 그대로임. 또는 그런 말입니다. '특히'는 보통과 다르게라는 말입니다. '아직'은 어떤 일이나 상태 또는 어떻게 되기까지 시간이 더 지나야 함을 나타내거나, 어떤 일이나 상태가 끝나지 아니하고 지속되고 있음을 나타내는 말입니다.

[3단계]
▷ -께 : '-에게'의 높임말입니다.
▷ 저 : 말하는 이가 윗사람이나 그다지 가깝지 아니한 사람을 상대하여 자기를 낮추어 가리키는 말입니다.
▷ 저희 : '우리'를 낮추어 말함으로써 다른 사람을 높이는 말입니다.

09회 본문 44쪽

1 딱지
2 ②
3 ②
4 ⑤
5 ②
6 ①
7 딱지 따먹기, 조마조마, 내

어법·어휘편

[1단계]
(1) 조마조마   (2) 홀딱

[2단계]
(1) ②   (2) ①

[3단계]
(1) 콩닥콩닥   (2) 펄럭펄럭

10회 본문 48쪽

1 ⑤
2 어리석다
3 ③
4 골칫거리
5 (1) ㉠ - ㉯ 고양이를 피할 좋은 방법이 없어서
　 (2) ㉡ - ㉮ 고양이 목에 방울을 달 수 없어서
6 고양이 목, 방울
7 ④

어법·어휘편

[1단계]
(1) 해결 - ㉢ 어려운 일이나 문제를 푸는 것
(2) 회의 - ㉠ 여러 사람이 모여 어떤 문제에 대해
　　이야기를 나누는 것
(3) 찬성 - ㉡ 남의 행동이나 생각에 뜻을 같이…

[2단계]
(1) 해결   (2) 찬성   (3) 회의

[3단계]
(1) 골칫거리   (2) 쫓아다니며   (3) 좋은

---

1. 글의 소재를 찾는 문제입니다. 글에서 중심적으로 다루고 있는 것은 '딱지'놀이를 하는 모습입니다.

2. '딱지'놀이를 할 수 있는 장소는 넓고 개방적인 장소가 어울립니다.

3. '나는 내가 넘어가는 것 같다'는 글쓴이의 마음을 표현한 것이지 실제로 벌어진 일은 아닙니다.

4. ▷조마조마 : 닥쳐올 일에 대하여 염려가 되어 마음이 초조하고 불안한 상태를 표현한 말입니다.

5. ② 조마조마한 마음을 표현한 상황입니다.

6. 시 전체적으로 불안하고 초조한 마음을 표현한 것입니다.

7. 글쓴이의 마음을 요약한 것입니다. '딱지 따먹기'놀이를 하면서 가슴이 '조마조마'하였고, 딱지가 넘어갈 때마다 '내'가 넘어가는 것 같다고 표현을 했습니다.

어법·어휘편 해설

[1단계] (1) '조마조마'는 닥쳐올 일에 대하여 염려가 되어 마음이 초조하고 불안한 모양을 말합니다.
(2) '홀딱'은 남김없이 벗거나 벗어진 모양을 말합니다.

[2단계] 상황에 맞는 알맞은 단어를 골라봅시다.

[3단계] ▷콩닥콩닥 : 심리적인 충격을 받아 가슴이 자꾸 세차게 뛰는 모양을 말합니다.
▷펄럭펄럭 : 바람에 잇따라 빠르고 힘차게 나부끼는 소리. 또는 그 모양을 말합니다.

---

1. 제목은 글 전체의 내용을 요약한 짧은 단어, 문장으로 표현합니다. '고양이 목에 방울을 달기'가 글 전체의 주제입니다.

2. 실제로 하기 힘든 일을 좋은 의견이라고 말한 후, 아무도 그것을 하지 않는 것을 보면 '어리석다'고 말할 수 있습니다.
▷어리석다 : 슬기롭지 못하고 둔하다는 말입니다.

3. 이야기의 초반부에 회의를 하게 된 까닭이 나옵니다.

4. 글의 흐름에 비춰볼 때 '골칫거리'를 쉽게 찾을 수 있습니다.

5. ㉠ 문제해결을 위한 적당한 의견이 없는 상황입니다.
　 ㉡ 위험한 행동을 스스로 하기 어려워하는 상황입니다.

6. '이', '그', '저'가 가리키는 대상을 본문 속에서 찾는 문제입니다. 주로 가리키는 대상은 바로 앞에 나오는 경우가 많습니다. '이 생각'은 바로 앞에 나오는 '고양이 목에 방울 달기'를 가리킵니다.

7. ▷고양이 목에 방울 달기 : 실행하기 어려운 것을 공연히 의논함을 이르는 말입니다.

어법·어휘편 해설

[1단계] '해결'은 어려운 일이나 문제를 푸는 것을 의미합니다. '회의'는 여러 사람이 모여 어떤 문제에 대해 이야기를 나누는 것을 의미합니다. '찬성'은 남의 행동이나 생각에 뜻을 같이하는 것을 의미합니다.

[2단계] (1) 국어 문제를 스스로 '해결'했습니다.
(2) 친구들이 놀이공원으로 소풍을 가기로 '찬성'했습니다.
(3) 청소 당번을 정하기 위한 '회의'를 했습니다.

[3단계] (1) 골칫거리 : 일을 잘못하거나 말썽만 피워 언제나 애를 태우게 하는 사람이나 사물
(2) 쫓아다니다 : 남의 뒤를 졸졸 따라다니다
(3) 좋다 : 대상의 성질이나 내용 따위가 보통 이상의 수준이어서 만족할 만하다

11회 본문 54쪽

1 ④
2 남극, 북극
3 (1) ○ (2) ○ (3) × (4) ○
4 극지방
5 바다, 기온, 에스키모
6 ④
7 북쪽, 바다, 여름, 원주민

어법·어휘편

[1단계]
(1) 똑같은 - ⓒ 조금도 다른 데가 없는
(2) 거대한 - ⓒ 엄청나게 큰
(3) 대부분 - ⓣ 반이 훨씬 넘어 전체에 거의 가깝게

[2단계]
(1) 거대한 (2) 똑같은 (3) 대부분

[3단계]
(1) 식물/동물 (2) 북극/남극 (3) 기온/온도

---

1. 이 글은 극지방에 대한 글로 특히 남극과 북극의 다른 점을 설명하고 있습니다.

2. 이 글은 남극과 북극의 차이점을 설명하고 있습니다.

3. 북극은 지구의 북쪽 끝에 있는 극지방이며 대부분 바다가 얼어있고 에스키모라는 원주민이 삽니다. 일 년 내내 기온이 0도 아래인 곳은 남극입니다.

4. 지구의 남쪽과 북쪽 끝에 있는 곳을 '극지방'이라고 합니다.

5. 북극은 '바다'가 얼어있는 곳이다. 남극은 일 년 내내 '기온'이 0도 아래로 떨어져 있다. 북극에는 '에스키모'라는 원주민이 살고 있습니다.

6. 사진에는 원주민들의 모습이 나타나있는데, 원주민들이 사는 곳은 북극입니다. 따라서 사진을 보고 알맞게 생각한 학생은 '정민'입니다.

7. 북극은 지구의 가장 '북쪽' 끝에 있는 극지방으로 대부분 '바다'가 얼어 있습니다. 북극은 '여름'에는 따뜻해서 눈이 녹기도 하며 '원주민'이 살고 있습니다.

어법·어휘편 해설

[1단계] '똑같은'은 다를 데 없이 같다는 뜻이며, '거대한'은 엄청나게 크다는 뜻입니다. '대부분'은 전체에 거의 가깝다는 뜻입니다.

[2단계] 남극은 '거대한' 땅이며, 북극과 남극은 '똑같은' 극지방입니다. 북극은 '대부분' 바다가 얼어있습니다.

[3단계] (1)은 동물과 식물, (2)는 남극과 북극, (3)은 기온과 온도에 대한 설명입니다.

12회 본문 58쪽

1 자연, 보호
2 ①
3 ③
4 자연, 거리, 나무, 꽃
5 자연
6 (1) 의견 (2) 사실 (3) 의견 (4) 사실
7 ⑤

어법·어휘편

[1단계]
(1) 보호 - ⓒ 잘 지켜 원래대로 있게 함
(2) 주변 - ⓣ 어떤 대상의 둘레
(3) 거리 - ⓛ 두 장소가 서로 떨어져 있는 길이

[2단계]
(1) 주변 (2) 거리 (3) 보호

[3단계]
(1) 틀렸어 (2) 달라 (3) 다르다 (4) 다르다

---

1. 이 글은 자연을 보호해야 한다고 주장하는 글로 '자연'과 '보호'가 가장 많이 나오는 낱말입니다.

2. 이 글의 중심 내용은 '자연을 보호하자'입니다. ②~⑤은 자연 보호의 방법으로 중심 내용을 뒷받침하는 내용입니다.

3. 이 글에서는 자동차의 연기가 공기를 나쁘게 해 나무나 꽃이 잘 자라지 못한다고 하였습니다. 나무가 자동차의 연기를 깨끗하게 만든다는 내용은 나오지 않습니다.

4. 이 글의 주장은 '자연을 아끼고 보호하자'입니다. 그 방법은 가까운 '거리'는 걸어 다니고, '나무'나 '꽃'을 함부로 꺾지 않는 것입니다.

5. 숲, 산, 강 바다처럼 사람의 손이 가지 않아도 저절로 있는 것을 '자연(自然)'이라 합니다.

6. (1)과 (3)은 글쓴이의 생각이기 때문에 '의견'입니다. (2)와 (4)는 실제 일어나는 일이기 때문에 '사실'입니다.

7. 이 글은 '주장하는 글'로 글쓴이가 자신의 생각을 말한 글입니다.

어법·어휘편 해설

[1단계] '보호'는 잘 지켜 원래대로 있게 한다는 뜻입니다. '주변'은 어떤 대상의 둘레를 말합니다. '거리'는 두 장소가 서로 떨어져 있는 거리를 말합니다.

[2단계] 우리는 '주변'에 있는 나무나 꽃을 함부로 꺾지 말아야 하며, 가까운 '거리'는 걸어 다녀야 합니다. 자연과 함께 살아가기 위해선 자연을 '보호'해야 합니다.

[3단계] (1)에서 계산은 정답이 있는 문제이므로 '틀리다'라고 해야 합니다. (2), (3), (4)는 각각 생각, 머리카락 색깔, 의견이 서로 같지 않다는 뜻이므로 '다르다'라고 해야 합니다.

13회 본문 62쪽

1 ①   2 ⑤
3 (1) 평일에 놀이동산 입구… - ⓒ 오후 6시
  (2) 주말에 놀이동산 입구… - ⓛ 오후 9시
  (3) 주말에 동물원… - ⓐ 오후 10시
4 ③   5 무료
6 오전, 놀이동산, 동물원, 배차 간격, 승차 인원,
  1,000
7 4,000

어법·어휘편

[1단계]
(1) 운행 - ⓐ 정해진 길을 따라…
(2) 간격 - ⓛ 시간적으로 벌어진 사이
(3) 승차 - ⓒ 자동차나 기차 같은…

[2단계]
(1) 간격   (2) 운행   (3) 승차

[3단계]
(1) 평일   (2) 주말   (3) 공휴일

---

1. 이 글은 코끼리 열차의 '운영 시간', '배차 간격', '승차 인원', '이용 요금' 등을 설명하고 있는 '이용 안내문'입니다.

2. '이용 요금'을 보면 어린이는 1,000원을 내면 탈 수 있습니다.

3. 코끼리 열차는 놀이동산 입구에서 평일 오후 6시와 주말 오후 9시에 운행이 끝납니다. 동물원 입구에서는 주말에 오후 10시에 운행이 끝납니다.

4. 승차 인원이 많으면 코끼리 열차의 배차 간격이 짧아질 수 있다는 글이므로 '배차 간격'에 들어가야 합니다.

5. "요금이 없음"을 뜻하는 말은 '무료'입니다.

6. 코끼리 열차는 평일과 주말 모두 '오전' 9시에 출발합니다. '놀이동산' 입구와 '동물원' 입구에서 출발하는 마지막 열차 시간은 다릅니다. '배차 간격'은 약 10분이며 '승차 인원'은 80명입니다. 어린이의 이용 요금은 '1,000'원입니다.

7. 서윤이 아버지와 서윤이 어머니는 '일반'에 해당하므로 각각 1,500원씩 내야 합니다. 서윤이는 8세로 '어린이'이므로 1,000원을 내야 하고, 서윤이 동생은 2세로 만 36개월 미만이기 때문에 무료입니다. 요금은 1,500+1,500+1,000=4,000원입니다.

어법·어휘편 해설

[1단계] '운행'은 정해진 길을 운전해서 다닌다는 뜻이며, '간격'은 시간적으로 벌어진 사이를 말하고, '승차'는 자동차나 기차 등에 타는 것을 말합니다.

[2단계] (1)에서 배차 '간격'은 인원에 따라 변동될 수 있습니다. (2)는 코끼리 열차의 '운행' 시간을 묻고 있습니다. (3)은 코끼리 열차에 안전하게 '승차'해 주시기 바란다고 말합니다.

[3단계] 5월 4일은 토요일, 일요일, 공휴일이 아닌 보통날이므로 '평일'입니다. 5월 7일은 일요일이므로 '주말', 5월 5일은 어린이날로 '나라나 사회에서 정하여 다 함께 쉬는 날'이므로 '공휴일'입니다.

14회 본문 66쪽

1 솜사탕
2 ③
3 ④
4 ④
5 실, 눈, 나들이, 구멍
6 ②
7 (예시 답안) 병아리, 예쁜

어법·어휘편

[1단계]
(1) 날아든   (2) 나들이

[2단계]
(1) 나뭇가지   (2) 희고도   (3) 뚫리는

[3단계]
(1) 비, 옷   (2) 색, 종이

---

1. 이 노래 가사는 솜사탕에 대해 말하고 있습니다.

2. 솜사탕을 흔히 볼 수 있는 장소는 '공원'입니다.

3. 노래 가사에서 말하는 이는 솜사탕을 바라보고 있습니다.

4. 노래 가사에 아이가 솜사탕을 땅에 떨어뜨려 울었다는 내용은 나오지 않습니다.

5. 첫째 줄에서 나뭇가지에 솜사탕이 '실'처럼 날아들었다고 하였습니다. 둘째 줄에서 하얀 솜사탕이 하얗고 깨끗해서 '눈' 같았다고 하였습니다. 셋째 줄에서 '나들이' 갈 때, 솜사탕을 먹었다고 하였습니다. 넷째 줄에서 솜사탕을 입으로 불면 '구멍'이 뚫린다고 하였습니다.

6. 이 노래는 솜사탕을 생각하며 신난 아이의 마음이 담겨 있습니다. 그러므로 이 노래와 어울리는 느낌은 '밝고 신이 난다'입니다.

7. "'병아리'처럼 노랗고 '예쁜' 솜사탕" 등 꾸며주는 말을 적절히 사용하여 노란 솜사탕을 표현합니다.

어법·어휘편 해설

[1단계] (1)에서 품속으로 새가 '날아든'다고 표현합니다. (2)에서 가족끼리 공원으로 '나들이'를 간다고 말합니다.

[2단계] '나뭇가지', '희고도', '뚫리는'이 바르게 고친 것입니다.

[3단계] '비옷'은 '비'와 '옷'이, '색종이'는 '색'과 '종이'가 합쳐져서 만들어진 말입니다.

1 산길
2 친구, 우정
3 ①
4 약삭빠른
5 ③, ⑤
6 ⑤
7 나무, 죽은, 친구, 의리

어법·어휘편

[1단계]
(1) 다짐 - ⓒ 틀림없음을 단단히 강조하고 확인함
(2) 여부 - ⓒ 틀리거나 의심할 여지
(3) 의리 - ㉠ 사람으로서 마땅히 지켜야할 도리

[2단계]
(1) 의리   (2) 다짐   (3) 여부

[3단계]
(1) 약삭빠른   (2) 꼼짝   (3) 속삭였습니다

---

1. 이 이야기는 산길에서 벌어진 일을 담고 있습니다.

2. 이 이야기의 주제는 진정한 '우정' 혹은 진정한 '친구'에 관한 것입니다.

3. ㉠의 '약삭빠른 한 친구'는 나무 위에 혼자 올라간 사람입니다. ⓒ~⑩은 나무로 올라가지 못한 채 엎드려 죽은 척한 사람을 가리킵니다.

4. 자기를 챙기는 일에만 빠른 것을 '약삭빠른'이라고 표현합니다.

5. 의리 없는 자신의 행동을 꼬집는 말에 부끄럽고 미안한 마음이 들었을 것입니다.

6. 나무에 올라간 친구는 약삭빠른 사람으로 재빠르게 나무 위에 올라갔으므로 행동이 느리다고 할 수 없습니다.

7. 곰이 다가가자 한 친구는 재빠르게 '나무' 위로 올라가고, 다른 한 친구는 엎드려 '죽은' 척을 했습니다. 엎드려 있던 친구는 곰이 자신에게 '친구'를 버리고 혼자 도망가는 '의리' 없는 사람하고는 다니지 말라고 속삭였다고 말했습니다.

어법·어휘편 해설

[1단계] '다짐'은 틀림없음을 단단히 강조하고 확인하는 것을 말하고 '여부'는 틀리거나 의심할 여지를 말합니다. '의리'는 사람으로서 마땅히 지켜야할 도리를 말합니다.

[2단계] (1)은 '의리', (2)는 '다짐', (3)은 '여부'가 들어가야 자연스러운 문장이 됩니다.

[3단계] '자기를 챙기는 일에만 빠른'을 '약삭빠른', '조금도 움직이지 않는 것'을 '꼼짝도 하지 않는다'고 말합니다. '가만가만 이야기'하는 것을 '속삭였다'고 말합니다.

---

1 ②   **2** ⑤
3 ③
4 이상호, 아빠, 엄마, 형, 컴퓨터 게임, 선생님
5 장래 희망
6 5, 1, 중학교, 컴퓨터 게임
7 ②

어법·어휘편

[1단계]
(1) 소개 - ⓒ 모르는 사람에게 어떤…
(2) 식구 - ⓒ 한 집에서 밥을 같이…
(3) 존경 - ㉠ 어떤 사람을 우러르고…

[2단계]
(1) 존경   (2) 소개   (3) 식구

[3단계]
(1) 희망   (2) 실망

---

1. 상호는 부모님과 형에 대한 소개, 상호의 장래희망에 대한 이야기를 하였습니다. 이것을 전부 다 포함할 수 있는 것은 '자기 자신을 소개하기' 입니다.

2. 상호가 좋아하는 음식에 대한 내용은 찾을 수 없습니다.

3. 상호가 강아지와 같은 애완동물을 키우고 있다는 내용은 찾아볼 수 없습니다.

4. 첫 번째 줄에 글쓴이의 이름이 나옵니다. 네 번째 줄에 아빠, 엄마, 형이 같이 살고 있다고 했으며, 여덟 번째 줄에 취미는 컴퓨터 게임이라고 했습니다. 아래에서 여섯 번째 줄에 장래희망이 학교 선생님이 되는 것이라고 했습니다.

5. 상호가 선생님이 되고 싶다고 했듯이, 미래에 가지고 싶은 직업을 '장래희망' 이라고 합니다.

6. 상호가 쓴 글을 보면, 상호는 1학년, 상호의 형은 5학년이라는 것을 알 수 있습니다. 상호의 부모님은 중학교 선생님이라고 적혀있습니다. 상호의 형이 상호와 취미가 같다고 하였으니 상호와 같이 컴퓨터 게임을 좋아하는 것을 알 수 있습니다.

7. 상호의 형은 5학년입니다.

어법·어휘편 해설

[1, 2단계] 한 집에서 밥을 같이 먹는 사람들을 '식구'이라고 합니다. 누군가를 우러르고 받드는 마음을 '존경'이라고 합니다.

[3단계]
(1) 미래에 선생님이 되고 싶은 기대이므로 '희망'입니다. (2) 속상해 하지 않겠다는 것이므로 '실망'입니다.

17회 | 본문 80쪽

1 ①
2 ④
3 ③
4 ③
5 ②
6 흙, 입, 열 개, 여덟 개
7 집게발, 다리, 몸통

어법·어휘편

[1단계]
(1) 갯벌 - ㉠ 밀물 때는 물에 잠기고…
(2) 갑옷 - ㉡ 싸움을 할 때 적의…

[2단계]
(1) 갑옷   (2) 갯벌

[3단계]
(1) 껍데기   (2) 껍질   (3) 껍데기

1. 갯벌에 살고 있는 동물중에 다리가 열 개이고 옆으로 걸어다니며 딱딱한 껍데기로 감싸여 있는 동물은 꽃게입니다.

2. 아래에서 두 번째 줄에 보면, 바닷물이 들어오면 파도에 쓸려 갈 수도 있어서 땅 속으로 숨는다고 합니다.

3. 아래에서 네 번째 줄에 보면, 말랑말랑한 살을 보호하기 위해서 뼈가 밖에 있는 것이라고 했습니다.

4. '쉽게'라는 말 대신에 사용했을 때 가장 자연스러운 말이 '번쩍'입니다. '반짝'은 빛이 나는 물체를 표현하는 말입니다.

5. (나)의 앞부분에 집게발에 대한 이야기가 나오므로 (나)에 들어가는 것이 가장 자연스럽습니다.

6. 꽃게는 흙을 돌돌 말아서 입에 넣어 영양분을 뽑아 먹습니다. 꽃게의 다리는 열 개이고 그중 여덟 개는 걷기 위해 사용하고 두 개는 집게발입니다.

7. 여섯 번째 줄을 참고하면, 몸통 옆에 다리가 붙어 있다고 합니다.

어법·어휘편 해설

[1, 2단계] 옛날, 전쟁때 창과 칼로 전쟁을 할 때 '갑옷'을 입어 자신을 보호했습니다. '갯벌'은 바닷가에 물기가 가득한 모래의 땅입니다.

[3단계] (1)의 조개와 (3)의 호두는 겉이 단단하므로 껍데기이고 (2)의 오렌지는 겉이 단단하지 않으므로 껍질입니다.

18회 | 본문 84쪽

1 ④
2 ②
3 배설물, 악취
4 (1) ○   (2) ○   (3) ×   (4) ○
5 주의 사항
6 목줄, 배설물
7 ②, ④

어법·어휘편

[1단계]
(1) 방치 - ㉣ 그대로 내버려둠
(2) 배려 - ㉠ 도와주거나 보살펴 주려고…
(3) 발생 - ㉢ 어떤 일이나 사물이 생겨남
(4) 착용 - ㉡ 의복, 모자, 신발 따위를…

[2단계]
(1) 착용   (2) 방치, 발생   (3) 배려

[3단계]
(1) 읽어   (2) 깨끗한   (3) 짖는

1. 이 글에서 반려견 배설물이 방치된 문제는 '골목'에서 생겼습니다.

2. 이 글은 반려견을 키울 때 주의해야할 사항을 안내하는 형식으로 적은 글입니다.

3. 제목 아래의 큰 글씨에 배설물이 방치되어 악취가 발생했다고 적혀 있습니다.

4. (1), (2), (4)는 〈주의사항〉을 통하여 알 수 있는 내용들이며, (3)의 주의 사항은 올바른 내용이긴 하나 안내글을 통하여 알 수 있는 내용은 아닙니다.

5. 안내하는 글에서 읽는 사람이 조심하도록 구체적으로 제시한 것이 '주의 사항'입니다.

6. 주의 사항을 통해 외출할 때에 목줄을 꼭 가져가야 한다는 것과 반려견의 배설물을 담을 봉투를 준비하여 반드시 치워야 한다는 것을 알 수 있습니다.

7. 안내문에 반려견을 키울 수 없다는 것과 골목에서는 반려견을 데리고 다닐 수 없다는 내용은 없습니다. 이 안내문에서는 별빛동에서 반려견을 키울 때와 반려견과 집에서 함께 살 때에 주의할 사항을 제시하였습니다.

어법·어휘편 해설

[1, 2단계] 신경을 기울이지 않고 내버려두는 것을 '방치'라고 합니다. 함께사는 동네에서는 서로를 돕고 보살피며 배려하는 마음이 필요합니다.

[3단계] (3)의 '짓다'는 '어떤 재료를 활용하여 옷, 밥, 집을 만들다'라는 의미이며, 개와 같은 동물이 '목청을 높혀 소리를 내는 것'은 '짖다'라고 표현합니다.

10   뿌리깊은 초등국어 독해력 1단계

19회 본문 88쪽

1 강아지, 고양이
2 ⑤
3 ⑤
4 ④
5 (가) 강아지 - ⓒ 꼬리, ⓔ 신발
　(나) 고양이 - ⓐ 우유병, ⓒ 귀
6 살래살래, 쫑긋쫑긋
7 ④

어법·어휘편

[1단계]
(1) 살래살래　(2) 쫑긋쫑긋
(3) 살래살래　(4) 쫑긋쫑긋

[2단계]
(1) 쭈뼛쭈뼛 - ⓐ 부끄러워서 자꾸 머뭇거리는 …
(2) 불쑥불쑥 - ⓒ 여기저기 쑥 내미는 모양
(3) 절레절레 - ⓑ 머리를 자꾸 좌우로…
(4) 대롱대롱 - ⓔ 작은 물건이 매달려…

[3단계]
(1) 절레절레　(2) 불쑥불쑥
(3) 쭈뼛쭈뼛　(4) 대롱대롱

1. 이 글의 내용을 이루는 주된 이야기 소재는 강아지와 고양이입니다.

2. 이 시에서 말하는 이는 강아지와 고양이를 보고있는 사람이고 고양이와 강아지의 장난에 혼내주려다가 귀여운 모습을 보고 그만두었습니다.

3. 신발, 우유병 등의 소재가 집에서 흔히 볼 수 있는 것이며, 강아지와 고양이가 평소 친근하게 대하는 상황임을 미루어 볼 때 우리 집에서 있었던 일이라 볼 수 있습니다.

4. 이 시에서 말하는 이는 강아지가 살래살래 꼬리를 흔드는 것과 고양이가 쫑긋쫑긋 귀를 세우는 것을 보고 고양이와 강아지를 귀여워하는 마음을 표현하고 있습니다.

5. 강아지가 신발을 물어 던졌고 고양이가 우유병을 넘어뜨렸습니다.

6. '살래살래'는 꼬리를 흔드는 모습을 흉내내는 표현이고 '쫑긋쫑긋'은 귀를 세운 모습을 흉내내는 표현입니다.

7. 강아지와 고양이가 말썽을 부리지만 귀여운 모습에 혼내주지 않은 것은 동생 때문에 속상한 일이 생겼지만 귀여운 모습에 화가 풀린 것과 비슷한 경험입니다.

어법·어휘편 해설

[1단계] '살래살래'는 가볍게 흔드는 모양이므로 꼬리와 고개를 흔든다는 표현에 적합하고, '쫑긋쫑긋'은 빳빳하게 세우거나 뾰족하게 내미는 모양이므로 귀를 세운다는 표현에 적합합니다.

[2, 3단계] '불쑥불쑥'은 여기저기 갑자기 쑥 내미는 모양을 표현하는 말입니다.

20회 본문 92쪽

1 ①, ④
2 등불
3 ①
4 ④
5 ③
6 ②
7 사람, 배려

어법·어휘편

[1단계]
(1) 나그네　(2) 재촉　(3) 배려

[2단계]
(1) 평지　(2) 재촉　(3) 배려

[3단계]
(1) 낯선　(2) 헤맸다　(3) 여겨서

1. 이 글은 한 나그네가 앞을 보지 못하는 사람을 만나면서 느낀 것을 적은 글입니다.

2. 나그네는 앞을 보지 못하는 사람이 들고 있는 등불을 보고 많은 것을 깨달았습니다. 등불이 가장 중심이 되는 낱말입니다.

3. 나그네가 처음 깜깜한 길을 갈 때는 불안한 마음을 가지고 있었으나 곧 등불을 보고 반가운 마음이 들었습니다. 하지만 앞을 보지 못하는 사람이 가지고 있는 등불을 보고는 그 까닭이 궁금했으나 이야기를 듣고는 그의 마음에 고마움을 느꼈습니다.

4. ⓐ, ⓑ, ⓒ, ⓓ은 앞을 보지 못하는 사람을 지칭하는 말이고, ⓔ은 앞을 보지 못하는 사람이 만나는 누군가를 지칭하는 말입니다.

5. 앞의 내용이 뒤의 내용에 대해 조건이 되는 내용입니다. 즉, 사람들이 그가 걷고 있다는 것을 알게 되고 그것으로 인하여 부딪히는 일이 없게 된다는 내용을 연결하는 말은 '그러면'입니다.

6. 아래에서 두 번째 줄에서 앞을 보지 못하는 사람이 등불을 든 것은 다른 사람을 배려하는 마음 때문이라는 것을 알 수 있습니다.

7. 아래에서 두 번째 줄을 통하여 '배려하는 마음'에 대한 글이라는 것을 알 수 있습니다.

어법·어휘편 해설

[1, 2단계] 하던 일을 좀더 빠르게 하는 것을 '재촉'한다고 말합니다. 다른 사람을 도와주거나 보살펴 주려는 마음은 '배려'입니다.

[3단계]
(3) '마음속으로 생각하다'를 '여기다'라고 하며, 이 문장처럼 '마음속으로 생각해서'라는 말은 '여겨서'라고 표현해야합니다.

21회   본문 98쪽

1 ④
2 ④
3 ④
4 ㉠ → ㉢ → ㉣ → ㉡
5 ④
6 썩을, 차가우면
7 ④

어법·어휘편

[1단계]
(1) 담가둔다   (2) 담는다
(3) 담았다   (4) 담갔다

[2단계]
시원하다, 미지근하다, 따뜻하다

[3단계]
(1) 반드시   (2) 반듯이

---

1. 이 글은 콩나물을 잘 키우는 방법에 대해 설명하는 글입니다.

2. 글의 가운뎃부분에서 콩나물로 키울 수 있는 콩은 '콩나물 콩, 쥐눈이 콩, 서리태, 메주콩 등'이 있다고 나옵니다.

3. 콩나물은 햇빛을 받으면 노란색이 아닌 초록색 콩나물로 자란다고 했으므로 ④의 설명은 틀립니다.

4. 글에서 설명하는 내용을 차례대로 정리하면 <㉠ 콩나물로 키울 수 있는 콩을 고른다. → ㉢ 콩을 물에 담가둔다. → ㉣ 물이 잘 빠지는 통에 콩을 담는다. → ㉡ 하루에 여섯 번 정도 물을 준다.> 순이 됩니다.

5. 콩나물을 키우는 데 적당한 물의 온도에 대한 내용은 (라) 앞 부분에 나타나 있습니다.

6. 글의 내용에 콩나물을 키울 때 물이 너무 뜨거우면 콩이 썩을 수 있고, 물이 너무 차가우면 콩나물이 느리게 자란다고 나와 있습니다.

7. 콩나물은 어둡고 햇빛이 들지 않는 곳에서 키워야 하므로 ④의 장소가 적당합니다.

어법·어휘편 해설

[1단계] (1)과 (4)는 물건을 액체 속에 넣는다는 뜻이고, (2)와 (3)은 물건을 그릇에 넣는다는 뜻으로 쓰였습니다.

[2단계] '시원하다'는 더위를 식힐 만큼 선선한 정도, '미지근하다'는 뜨겁지도 차갑지도 않은 중간 정도, '따뜻하다'는 온도가 적당히 알맞게 높은 정도를 나타냅니다.

[3단계] (1)은 '꼭'의 뜻으로 사용된 경우이고, (2)는 '비뚤어지지 않고 바르게'의 뜻으로 사용된 경우입니다.

22회   본문 102쪽

1 무당벌레
2 ③
3 ④
4 (가) - ㉢ 무당벌레의 생김새
   (나) - ㉡ 무당벌레의 한살이
   (다) - ㉠ 무당벌레의 자기 보호
   (라) - ㉣ 무당벌레의 좋은 점
5 ⑤
6 화려, 무당
7 ⑤

어법·어휘편

[1단계]
(1) 화려하다 - ㉢ 환하게 빛나며 곱고…
(2) 간격 - ㉡ 일이 벌어질 때, 그 사이
(3) 최후 - ㉣ 맨 마지막
(4) 지독하다 - ㉠ 맛이나 냄새가 참기…

[2단계]
(1) 보호   (2) 경고   (3) 간격   (4) 지독

[3단계]
(1) 낳았다   (2) 나았다   (3) 낳아   (4) 낫는

---

1. 이 글에서 가장 많이 나오는 낱말은 '무당벌레'입니다.

2. 무당벌레는 5~7㎜ 정도로 아이 손톱과 비슷하다고 했습니다.

3. 무당벌레는 화려한 날개의 색으로 적에게 경고를 하지만, 날개 색을 바꾸지는 않습니다.

4. 문단의 순서대로 '무당벌레의 생김새' → '무당벌레의 한 살이' → '무당벌레의 자기 보호' → '무당벌레의 좋은 점'에 대해 설명하고 있습니다.

5. 무당벌레는 식물을 병들게 하는 진딧물을 하루에 백오십 마리 정도 먹는다고 했습니다.

6. 무당벌레는 화려한 모양과 색깔이 무당을 닮았다고 붙여진 이름입니다.

7. 무당벌레가 채소를 갉아먹는 진딧물을 잡아먹어주었기 때문에 농부아저씨는 고마운 마음이 들었을 겁니다.

어법·어휘편 해설

[1단계] 낱말의 뜻을 정확히 모를 때에는 글을 다시 읽고, 문장 속에서 낱말이 어떤 뜻으로 쓰였을지 살펴봅니다.

[2단계] <보기>의 낱말을 빈칸에 하나씩 넣어 보고, 문장이 어색하지 않고 자연스러운 낱말을 찾아 씁니다.

[3단계] (1)과 (3)은 아이나 새끼를 낳았다는 뜻으로 쓴 경우이고, (2)와 (4)는 병이나 상처가 나았다는 뜻으로 쓴 경우입니다.('낫다'는 문장에서 활용될 때 받침 'ㅅ'이 없어지는 경우도 있습니다.)

1 건강, 운동
2 ④
3 ⑤
4 (1) ○ (2) × (3) ○ (4) ×
5 운동, 체력, 스트레스
6 필요한 영양분
7 ⑤

어법·어휘편

[1단계]
(1) 관심 - ㉡ 어떤 것들에 대해 끌리는 마음
(2) 건강 - ㉠ 아무 탈이 없고 튼튼한 상태
(3) 적당한 - ㉢ 알맞은

[2단계]
(1) 습관 (2) 적당 (3) 관심

[3단계]
(1) ㉠ 기울이다 (2) ㉡ 가지다
(3) ㉡ 가지다 (4) ㉠ 기울이다

1 포도
2 ⑤
3 파란 구슬, 구슬치기
4 영근다
5 ④
6 ④
7 달렸다, 주렁주렁

어법·어휘편

[1단계]
(1) 새콤새콤 (2) 주렁주렁
(3) 둥글둥글

[2단계]
(1) 주렁주렁 (2) 둥글둥글
(3) 새콤새콤

[3단계]
②

---

1. 이 글은 '건강'을 유지하기 위해서는 '운동'이 필요하다는 내용입니다.

2. 이 글은 적당하고 규칙적인 운동이 건강에 도움이 된다는 내용을 담고 있습니다.

3. 이 글은 건강을 지키는 방법에 대하여 글쓴이의 생각을 나타낸 글입니다. 따라서 이 글의 종류는 '생각을 말하는 글'이라고 할 수 있습니다.

4. (1)과 (3)의 설명은 맞습니다. 글의 내용에서 음식만으로는 체력을 키울 수 없다고 했고, 너무 심한 운동은 건강을 해칠 수 있다고 했으므로 틀린 설명입니다.

5. 글쓴이의 생각은 '평소에 적당한 운동을 하자.'이고, 그 까닭은 운동을 하면 건강이 좋아지고, 스트레스를 줄여주기 때문입니다.

6. 아무리 몸에 좋은 음식을 먹어도 운동을 하지 않으면 몸이 그 음식을 우리 몸에 필요한 영양분으로 충분히 이용할 수 없습니다.

7. 좋은 음식을 먹어도 운동을 하지 않으면 체력을 키울 수 없다고 했으므로 ⑤는 틀린 설명입니다.

어법·어휘편 해설

[1단계] (1)은 '어떤 것들에 대해 끌리는 마음', (2)는 '아무 탈이 없고 튼튼한 상태', (3)은 '알맞은'이라는 뜻으로 쓰입니다.

[2단계] <보기>의 낱말을 빈칸에 하나씩 넣어 보고, 문장이 어색하지 않고 자연스러운 낱말을 찾아 씁니다.

[3단계] (1)은 '몸을 비스듬하게 한다.', (2)는 '마음에 품다', (3)은 '자기 것으로 한다', (4)는 '마음을 쓴다'는 뜻으로 쓰였습니다.

1. 시인은 포도를 보고 이 시를 쓴 것입니다.

2. 포도가 '열리고, 달리고, 영글고, 익는' 과정을 볼 수 있는 곳은 포도를 재배하는 과수원입니다.

3. 시에서 포도 알을 '파란 구슬'에 비유하고 있습니다. 시인은 파란 구슬을 닮은 포도 알로 구슬치기를 하고 싶다고 했습니다.

4. 과일이 맛있고 탐스럽게 잘 익은 모습을 '영근다'라고 표현합니다.

5. 시의 1연과 2연에서 포도가 익는 과정을 '열렸다', '달렸다', '영근다', '익는다'로 나타내고 있습니다.

6. 이 시에서는 포도를 생명이 있는 사람처럼 표현한 부분은 나타나 있지 않습니다.

7. 이 시의 두 번째 줄은 "포도가 달렸다. 주렁주렁"입니다. 시의 표현을 활용하기 위해서는 '포도'가 있는 자리에 '딸기'를 넣으면 됩니다.

어법·어휘편 해설

[1단계] '주렁주렁'은 열매가 많이 달린 모양, '둥글둥글'은 매우 둥근 모양, '새콤새콤'은 신 맛의 느낌을 흉내 낸 말입니다.

[2단계] 낱말의 뜻에 맞게 문장에 어울리는 말을 찾아 씁니다.

[3단계] 고드름은 지붕 끝에 매달려 있는 것이므로 '열려'가 아니라 '달려'를 써야 합니다.

1 바지, 짧아
2 (1) ㉡ 어젯밤 (2) ㉠ 오늘 새벽
  (3) ㉢ 오늘 아침
3 ④, ⑤
4 ①
5 ①
6 ①
7 ②

어법·어휘편

[1단계]
(1) 뼘 - ㉢ 엄지손가락과 다른 손가락을 완전히 …
(2) 질질 - ㉠ 바닥에 늘어지거나 닿아서 느리게 끌
    리는 …
(3) 헛기침 - ㉡ 일부러 하는 기침

[2단계]
(1) 뼘 (2) 헛기침 (3) 질질

[3단계]
⑤

---

1. 이야기의 중심 내용은 착한 딸들 때문에 아버지의 바지가 짧아졌다는 것입니다.

2. 시간의 순서대로 첫째 딸은 어젯밤에, 둘째 딸은 오늘 새벽에, 막내딸은 오늘 아침에 아버지의 바지를 줄였습니다.

3. 이야기에서 선비가 바지를 새로 지은 까닭과 밖으로 나가서 만나려는 사람은 누군지 알 수 없습니다.

4. 비록 새 바지가 짧아졌지만 세 딸의 정성 때문에 아버지의 마음은 감동을 받았을 것입니다.

5. 아버지는 새 딸의 정성 때문에 감동을 받았기 때문에 '웃으며'가 가장 적절합니다.

6. 아버지의 바지를 줄이려고 세 딸이 모두 바지를 자른 바람에 바지가 너무 짧아져서 딸들은 아버지께 용서를 빌었습니다.

7. 처음에 아버지는 한 뼘만 줄여달라고 했는데 딸들이 각 한 뼘씩 세 뼘을 줄였기 때문에 아버지가 부탁했던 길이에서 두 뼘이 더 짧아졌습니다.

어법·어휘편 해설

[1단계] '뼘'은 손바닥의 길이, '질질'은 무언가 바닥에서 끌리는 소리나 모양, '헛기침'은 일부러 하는 기침을 뜻하는 말입니다.

[2단계] 낱말의 뜻에 맞게 문장에 어울리는 말을 찾아 씁니다.

[3단계] 뼘은 엄지손가락과 다른 손가락을 벌린 길이로 재는 것이기 때문에 지우개의 둘레를 뼘으로 재기에는 너무 작습니다.

---

1 방정환
2 ⑤
3 어린이
4 ③
5 ②
6 ③
7 어린이, 천도교, 평등, 존중

어법·어휘편

[1단계]
(1) 평등 - ㉡ 모든 사람을 똑같다고 생각하는 것
(2) 동심 - ㉠ 어린이의 순수하고 맑은 마음
(3) 존중 - ㉢ 높이어 귀중히 여김

[2단계]
(1) 마음씨 (2) 손꼽아 (3) 스스로

[3단계]
(1) ㉢ 힘썼습니다. (2) ㉠ 손꼽아 기다렸다.
(3) ㉡ 돌아가셨습니다.

---

1. 이 글은 방정환 선생님이 어떻게 살았는지, 어떤 업적을 남겼는지에 대해 쓴 글입니다.

2. '방정환 선생님'이라는 훌륭한 사람의 이야기를 전하는 글입니다.

3. 방정환 선생님은 '어린이 날'을 만들고 아이들을 위한 잡지인 〈어린이〉를 만들었습니다. 어린이를 위한 동화를 짓기도 하여 어린이들이 밝게 자라날 수 있도록 꿈과 희망을 주었습니다.

4. 바로 앞 문장을 보면 '모든 사람은 평등하다는 천도교의 가르침을 배웠습니다.'라고 적혀 있습니다. ㉠의 가르침은 모든 사람은 평등하다는 것입니다.

5. 방정환 선생님은 1899년에 태어나 천도교에서 일을 하며 어린이를 위한 여러 가지 업적을 남겼습니다. 돌아가시면서 "어린이를 두고 가니 잘 부탁한다."는 유언을 남겼습니다.

6. 이 글을 통해 처음에는 어린이날이 5월 1일이었던 것을 알 수 있습니다.

7. 방정환 선생님은 천도교에서 모든 사람은 평등하다는 것을 배우셨고, 당시만 해도 어린이들은 존중받지 못했기 때문에 어린이를 존중하는 분위기를 만들기 위하여 힘썼습니다.

어법·어휘편 해설

[1단계] 높이어 귀중하게 생각하는 태도를 '존중'이라고 합니다. 예를 들면 '방정환 선생님은 어린이를 존중하기를 바랐습니다.'입니다.

[2단계] '손꼽다'는 '몹시 기대하며 바라고 있다'는 의미입니다.

[3단계] 나보다 나이가 많은 사람이 죽었을 때 높이는 말로 '돌아가셨습니다.'라고 말합니다.

27회 본문 124쪽

1 ⑤
2 의사소통 수단
3 (1) ○   (2) ×   (3) ×
4 의사소통, 의사소통, 수단, 전화, 편지
5 ①
6 생각, 정보
7 ②

어법·어휘편

[1단계]
(1) 정보 - ㉠ 어떤 것들에 관한 소식이나 자료
(2) 수단 - ㉢ 어떤 목적을 이루기 위한 방법
(3) 우편 - ㉡ 편지 등을 어딘가로 보내는 것

[2단계]
(1) 수단   (2) 정보   (3) 우편

[3단계]
(1) 중심, 결심   (2) 설명, 광명   (3) 완성, 성공

---

1. 이 글의 주된 내용은 '의사소통의 수단에는 어떤 것이 있는가?' 입니다. 네 번째 줄에 '의사소통 수단에는 어떤 것들이 있을까요?' 를 시작으로 전화, 편지, 팩시밀리 등을 설명하였습니다.

2. 이 글의 주된 내용은 대표적인 의사소통 수단 세 가지입니다. 그러므로 제목도 '대표적인 의사소통 수단'이 적합합니다.

3. 팩시밀리는 전화선을 통하여 문자나 그림을 전달하므로 이동하면서 사용할 수 없으며, 편지보다는 전자우편(이메일)을 더 많이 사용하고 있다고 했습니다.

4. 이 글의 첫 번째 단락에서는 의사소통이 무엇인지 설명하였고 두 번째 단락에서 의사소통의 대표적인 세 가지 수단이 있다고 하였으며 그것은 전화, 편지, 팩시밀리라고 하였습니다.

5. 예를 들어 날씨에 대한 소식이나 예보 등을 기상정보라고 합니다.

6. 이 글의 첫 번째 단락을 보면, 의사소통이란 사람들이 생각이나 정보를 주고받는 것임을 알 수 있습니다.

7. 요즘 흔히 사용하는 의사소통 수단은 휴대전화입니다. 편지보다 더 많이 쓰이고 있는 편이며 멀리 있는 사람과 신속하게 정보를 주고 받을 수 있는 장점이 있습니다.

어법·어휘편 해설

[1단계] 편지 등의 정보를 어딘가로 보내는 것을 우편이라고 합니다. 최근에는 종이우편보다는 전자우편을 많이 사용합니다.

[2단계] 항공우편이란 항공기로 전달하는 우편을 말합니다.

[3단계] 마음을 먹은 것을 결심이라고 합니다. 예를 들면 '나는 올해부터 줄넘기를 열심히 하기로 결심했다.'라고 쓰입니다.

28회 본문 128쪽

1 ③
2 ②
3 ③
4 대견하다
5 첫인사, 보낸 날짜
6 서울, 이예원, 울산, 정진아
7 (1) ×   (2) ○   (3) ×   (4) ○   (5) ○

어법·어휘편

[1단계]
(1) 학예회 - ㉣ 학습 발표회
(2) 배려 - ㉠ 도와주거나 보살펴 주려고 마음을 씀
(3) 성장 - ㉢ 사람이나 동식물이 자라서 점점 커짐
(4) 근처 - ㉡ 가까운 곳

[2단계]
(1) 배려   (2) 성장   (3) 학예회   (4) 근처

[3단계]
(1) 모레   (2) 모래

---

1. 이 글은 조카에게 이모가 잘 지내고 있다는 것을 알리며 조카를 보고 싶은 마음을 적어 보낸 편지글 입니다.

2. 예원이는 피아노 연주를 잘 하여 상을 받았습니다.

3. 길지는 않지만 이모의 마음이 잘 나타나있는 편지입니다. 길게 쓰기 귀찮다는 마음은 쓰여있지 않습니다.

4. '흐뭇하고 자랑스럽다'는 낱말은 '대견하다'입니다.

5. 이 편지글에는 첫인사와 보낸 날짜가 생략되어 있습니다. 이와 같이 한 부분을 생략하여 적기도 하지만 편지글을 쓸 때에는 보기의 여섯 가지를 모두 포함하여 적는 것이 좋습니다.

6. 편지의 내용을 통하여 이모인 정진아씨는 울산에 일 때문에 내려가 있으며 조카인 이예원 어린이는 서울에 살고 있다는 것을 알 수 있습니다. 편지봉투에는 보내는 사람의 주소를 윗부분에, 받는 사람의 주소를 아랫부분에 적습니다.

7. (1) 예원이의 언니나 동생에 대한 이야기는 나타나있지 않습니다. (3) 예원이는 서울에서 살고 있습니다. (5) 이모는 예원이가 알림장을 잘 챙기는 어린이가 되기를 바라고 있습니다.

어법·어휘편 해설

[1, 2단계] 다른 사람을 위하여 돕거나 보살펴 주는 마음을 '배려' 라고 합니다. 사람이나 동식물이 점점 자라는 것을 '성장'이라고 합니다.

[3단계] 헷갈리기 쉬운 맞춤법입니다. '모레'는 내일의 다음 날이고, '모래'는 바닷가나 화단의 작은 돌 부스러기를 말합니다.

1 ④   2 ②   3 ①
4 (1)-㉣ 꽃잎이 봄바람에 가볍게…
  (2)-㉠ 참새가 춤추며…
5 ①
6 봄바람, 꽃잎, 노랑나비, 흰나비, 참새
7 (1) 노랑나비   (2) 흰나비
  (3) 제비나비   (4) 호랑나비

어법·어휘편

[1단계]
(1) 소리   (2) 소리   (3) 모양   (4) 모양

[2단계]
(1) 가을, 바람   (2) 풀, 잎
(3) 손, 가방   (4) 돌, 다리

1. 이 노랫말에서 가장 중심이 되는 것은 나비입니다.

2. 노래하는 이는 나비에게 '오너라'라고 하며 나비를 부르고 있다는 것을 알 수 있습니다.

3. 세 번째 줄의 '봄바람'에서 노래와 어울리는 계절이 봄인 것을 알 수 있습니다.

4. (1)은 봄바람에 흔들리는 꽃잎의 모습을 흉내 내는 말이고, (2)는 참새가 부르는 노랫소리를 흉내 내는 말입니다.

5. 이 노래는 봄에 꽃과 나비, 참새와 함께 춤추고 노래하는 모습을 묘사하고 있습니다. 따라서 이 노래와 어울리는 생각이나 느낌은 ①번 '즐거운 봄날의 느낌'이 가장 적절합니다.

6. 일기의 주인공은 따뜻한 봄바람에 흔들리는 꽃잎이 웃고 있는 것 같다고 생각했습니다. 그리고 노랑나비와 흰나비가 춤을 추는 것처럼 날아다니고, 참새가 지저귀며 날아다니는 모습도 보았습니다.

7. (1) 노란색 날개를 가진 나비이므로 노랑나비입니다.
(2) 흰색 날개를 가진 나비이므로 흰나비입니다.
(3) 제비 꼬리를 닮은 날개를 가진 나비이므로 제비나비입니다.
(4) 호랑이 무늬를 닮은 날개를 가진 나비이므로 호랑나비입니다.

어법·어휘편 해설

[1단계] (1) '째깍째깍'은 시계가 움직이며 내는 소리를 흉내 낸 말입니다. (2) '퐁당'은 돌멩이가 물에 빠지는 소리를 흉내 낸 말입니다. (3) '발름발름'은 코가 움직이는 모양을 흉내 낸 말입니다. (4) '조마조마'는 딱지가 넘어갈까 봐 불안해 하는 모양을 흉내 낸 말입니다.

[2단계] (1) '가을바람'은 '가을'과 '바람'이 합쳐져서 만들어진 낱말입니다. (2) '풀잎'은 '풀'과 '잎'이 합쳐져서 만들어진 낱말입니다. (3) '손가방'은 '손'과 '가방'이 합쳐져서 만들어진 낱말입니다. (4) '돌다리'는 '돌'과 '다리'가 합쳐져서 만들어진 낱말입니다.

1 황소
2 도깨비
3 ①
4 (4) → (3) → (2) → (6) → (1) → (5)
5 ⑤
6 ②
7 ⑤

어법·어휘편

[1단계]
(1) 장터 - ㉠ 시장
(2) 야단 - ㉢ 난처하거나 딱한 일
(3) 기색 - ㉡ 어떤 일이 생길 낌새

[2단계]
(1) 기한   (2) 기색   (3) 장터

[3단계]
(1) 동동   (2) 깡충

1. 돌쇠가 가진 것이라고는 황소 하나뿐이었습니다.

2. 돌쇠는 어느 날 숲 속에서 도깨비를 만났습니다.

3. 황소가 날뛰면서 요란한 소리가 났으므로 ㉠에는 '쿵쾅쿵쾅'이 어울리는 말입니다.

4. 이 이야기는 (4)→(3)→(2)→(6)→(1)→(5)의 순으로 전개되었습니다.

5. 돌쇠는 황소의 목이 좁아 도깨비가 나오지 못하는 상황에 안타까운 마음이었습니다.

6. 황소가 하품을 하자 그 틈에 도깨비가 밖으로 나올 수 있었습니다. 문제가 해결되자 돌쇠는 "됐다"라고 말하며 안심하였습니다.

7. 도깨비든 귀신이든 간에 어려움에 처해있다면 구해주어야 한다는 뜻입니다.

어법·어휘편 해설

[1단계] '장터'는 시장을 말하고 '야단'은 난처하거나 딱한 일을 말합니다. '기색'은 어떤 일이 생길 낌새를 말합니다.

[2단계] (1)에는 '기한', (2)에는 '기색', (3)에는 '장터'가 자연스러운 말입니다. '기한'은 미리 정해놓은 때를 뜻합니다.

[3단계] (1) 발을 가볍게 자꾸 구르는 모양을 '동동'이라고 표현합니다. (2) 짧은 다리를 모으고 힘 있게 솟구쳐 뛰는 모양을 '깡충'이라고 표현합니다.

31회 본문 142쪽

1 구름
2 ④
3 ②
4 먹, 뭉게, 비늘, 새털, 햇무리
5 ⑤
6 먹장구름
7 (1) ⓛ 비늘구름   (2) ⓐ 새털구름

어법·어휘편

[1단계]
(1) 서예 - ⓐ 글씨를 붓으로 쓰는 예술
(2) 둘레 - ⓒ 사물의 끝의 바깥쪽 부분
(3) 테두리 - ⓛ 둘레의 가장자리

[2단계]
(1) 메우고   (2) 머금고   (3) 잇따라

[3단계]
(1) 칭찬   (2) 밤

---

1. 이 글은 구름의 다양한 종류를 알려주고 자세히 설명한 글입니다.

2. 털실을 꼬아 만든 것처럼 생긴 구름은 두루마리구름이라고 합니다. 먹구름은 검은 색으로 생긴 구름을 먹구름이라고 합니다.

3. 뭉게구름이 하늘에서 가장 높이 떠있다는 설명은 찾을 수 없습니다. 가장 높이 떠 있는 구름은 양털구름입니다.

4. 이 글에서는 구름의 종류를 순우리말 이름으로 소개하였습니다. 먹구름부터 뭉게구름, 비늘구름, 새털구름, 햇무리구름의 순서대로 특징을 설명하였습니다.

5. 햇무리는 해의 둘레에 둥그렇게 나타나는 빛나는 테두리를 말합니다.

6. 글의 2번째 2번째 줄을 통해 먹구름의 다른 이름은 먹장구름임을 확인할 수 있습니다.

7. (1) 물고기의 비늘처럼 생긴 무늬이므로 비늘구름입니다.
　　(2) 새털처럼 생긴 무늬의 구름이므로 새털구름입니다.

어법·어휘편 해설

[1단계] 서예는 글씨를 붓으로 쓰는 예술을, 둘레는 사물의 끝의 바깥쪽 부분을, 테두리는 둘레의 가장자리를 의미합니다.

[2단계] '잇따라'는 물체가 줄을 지어서 뒤를 이어 따른다는 뜻입니다. '머금다'는 무엇을 삼키거나 뱉지 않고 가지고 있다는 뜻입니다.

[3단계] 꾸중과 반대되는 말은 '칭찬'이며, 낮과 반대되는 말은 '밤'입니다.

32회 본문 146쪽

1 ②
2 ②
3 (1) 가족   (2) 지난주 주말   (3) 전철
4 (마) → (다) → (나) → (가) → (라)
5 ④
6 김유정, 명물, 공지천, 막국수
7 ④

어법·어휘편

[1단계]
(1) 생가 - ⓒ 그 사람이 태어난 집
(2) 전시 - ⓐ 여러 가지 물건을 한곳에 모아놓고
　　사람들에게 보임
(3) 명물 - ⓛ 어떤 지역의 유명한 음식이나 물건

[2단계]
(1) 생가   (2) 명물   (3) 전시

[3단계]
(1) 명성   (2) 명물

---

1. 이 글은 글쓴이가 가족들과 전철을 타고 춘천에 다녀와서 보고 듣고 느낀 것을 쓴 글입니다. 김유정역을 들렀고 막국수와 닭갈비를 먹었지만 중심이 되는 낱말은 춘천입니다.

2. 일기는 기행문과 마찬가지로 있었던 일에 대한 생각이나 느낌을 토대로 쓴 글입니다.

3. 글쓴이는 지난주 주말, 가족과 함께 전철을 타고 춘천을 여행하였습니다.

4. 제일 처음으로 김유정역에 도착하여 김유정 문학마을을 돌아보고 닭갈비 식당에서 닭갈비를 먹었습니다. 그리고 공지천 공원에서 휴식을 취한 후 집으로 돌아오기 전에 막국수 식당에 들러 막국수를 먹었습니다.

5. '최초'는 '가장처음'을 뜻하는 낱말입니다. 생가는 훌륭한 사람이 태어나서 살던 집을 말하며, 명물은 한 지역에 유명한 물건이나 음식을 뜻합니다.

6. 여행을 하는 동안 중요하게 둘러보거나 경험한 장소별로 한 개씩의 단락을 만들었습니다.

7. 공지천 공원 안에 김유정의 생가가 있지 않습니다. 공지천 공원에는 여러 가지 아름다운 나무들이 있었고, 평화롭게 휴식을 취할 수 있는 곳입니다.

어법·어휘편 해설

[1, 2단계] '전시'는 여러 가지 물건을 모아놓고 보인다는 뜻입니다. 전시장, 전시회 등으로 쓰입니다.

[3단계] 훌륭한 사람이 '명성'을 높입니다. 각 지역별로 '명물'이 있습니다.

33회 | 본문 150쪽

1 논 체험
2 ③
3 ②
4 ①
5 관찰
6 ③
7 ③

어법·어휘편

[1단계]
(1) 체험 - ㉠ 자기가 직접 겪음
(2) 텃밭 - ㉡ 집 가까이 있는 밭

[2단계]
(1) 체험   (2) 텃밭

[3단계]
(1) 숲   (2) 논   (3) 밭

---

1. 이 글은 논 체험 프로그램에 대해서 참가대상, 일자와 세부 프로그램을 자세히 설명한 안내글입니다.

2. 논 체험 교실은 나비대공원 어린이 텃밭에서 실시합니다.

3. 프로그램 내용을 살펴보면 논 체험 교실에서는 흙 만져보기, 논 그림 그리기, 벼 꽃 관찰하기 등을 한다는 것을 알 수 있습니다.

4. <보기>의 내용은 논 체험 교실이 쉬는 날입니다. 이 내용은 체험일과 관련된 내용이므로 체험일 다음에 적혀 있는 것이 좋겠습니다.

5. 눈으로 자세히 살펴보는 것을 관찰이라고 합니다.

6. 전화문의는 월~금요일 오전 09:00에서부터 오후 06:00까지 가능하다고 적혀 있습니다.

7. 논 체험 교실은 6~13세의 어린이가 참가할 수 있으므로 중학교에 다니는 우진이의 형은 참가할 수 없습니다.

어법·어휘편 해설

[1. 2단계] 자기가 직접 겪은 일을 '체험'이라고 합니다.

[3단계] (1)은 나무가 많은 숲의 사진입니다. (2)는 주로 벼를 심어 가꾸는 논의 사진이며 (3)은 채소나 곡식을 심어 가꾸는 밭의 사진입니다.

34회 | 본문 154쪽

1 포도알   2 ②
3 (1) - ①   (2) - ②   4 ④
5 가운데 그림에 ○표
6 (1) ○   (2) ×   (3) ○
7 (1) 초록 잎 - 우산   (2) 포도알 - 식구

어법·어휘편

[1단계]
(1) 토닥토닥   (2) 싱글싱글

[2단계]
(1) 싱글싱글   (2) 토닥토닥
(3) 토닥토닥   (4) 싱글싱글

[3단계]
(1) 잎   (2) 밑

---

1. 이 시는 포도알의 모습을 보고 쓴 동시입니다.

2. 1연의 '비가 와도 포도알은 걱정이 없다'와 2연의 '초록 잎 우산'이라는 내용으로 미루어 보아 포도송이가 비를 맞고 있는 모습을 보고 시를 썼음을 알 수 있습니다.

3. '토닥토닥'은 빗방울이 포도알을 잇따라서 가볍게 두드리는 소리를 흉내 낸 말이고, '싱글싱글'은 포도알이 소리 없이 정답게 웃는 모양을 흉내 낸 말입니다.

4. 포도알이 웃음 짓는 모양을 흉내 낸 말인 '싱글싱글'은 '입을 약간 벌리고 소리 없이 계속 웃는 모양'을 흉내 낸 말인 '방긋방긋'과 바꾸어 쓸 수 있습니다.

5. 4연에서 '포도알이 싱글싱글 웃는다'고 하였으므로 웃고 있는 얼굴의 가운데 그림이 정답입니다.

6. (1) 이 시에는 '토닥토닥', '싱글싱글'처럼 소리나 모양을 흉내 내는 말이 사용되었습니다. (2) 이 시는 줄마다 글자 수를 다르게 썼습니다. (3) 말하는 이는 포도알이 사람처럼 웃는다고 표현하였습니다.

7. 이 시에서는 '초록 잎'을 '우산'으로, '포도알'들을 '식구'로 표현하고 있습니다.

어법·어휘편 해설

[1단계] (1) '토닥토닥'은 '잘 울리지 않는 물체를 잇따라 가볍게 두드리는 소리 또는 그 모양'이라는 뜻입니다. (2) '싱글싱글'은 '눈과 입을 슬며시 움직이며 소리 없이 정답게 자꾸 웃는 모양'이라는 뜻입니다.

[2단계] (1) 내 짝꿍이 정답게 항상 웃는다는 뜻이므로 '싱글싱글'을 써야 합니다. (2) 우는 아기를 가볍게 두드려서 달랬다는 뜻의 문장이므로 '토닥토닥'을 써야 합니다. (3) 동생의 어깨를 잇따라 가볍게 두드렸다는 뜻의 문장이므로 '토닥토닥'을 써야 합니다. (4) 오랜만에 만난 친구가 소리 없이 정답게 웃으며 나를 반겼다는 뜻이므로 '싱글싱글'을 써야 합니다.

[3단계] (1) 나뭇가지에 매달린 풀을 뜻하는 낱말은 '잎'으로 씁니다. '입'으로 발음되지만 '잎'으로 써야 합니다. (2) 어떤 물건의 아래를 뜻하는 낱말은 '밑'으로 씁니다. '믿'으로 발음되지만 '밑'으로 써야 맞춤법에 알맞습니다.

35회 | 본문 158쪽

1 개미, 무당벌레　　　　　2 꼬물꼬물
3 ○ : 심술궂다, 거만하다,
　　× : 친절하다, 숙제를 열심히 하지 않는다,
　　　　친구들과 사이좋게 지낸다
4 ①　　　　　　　　　　　5 ③
6 멋쟁이　　　　　　　　　7 ⑤

어법·어휘편

[1단계]
(1) 꼬물꼬물 - ⓒ 몸이나 몸의 일부를 작고 …
(2) 그렁그렁 - ⓔ 눈에 눈물이 그득 괴어 넘칠 …
(3) 두근두근 - ⊙ 매우 불안하거나 기분이 …
(4) 주춤주춤 - ⓛ 어떤 행동이나 걸음 따위를 …

[2단계]
(1) 두근두근　　(2) 주춤주춤
(3) 그렁그렁　　(4) 꼬물꼬물

[3단계]
(1) 모양　　(2) 모양　　(3) 모양

1. 이 글은 개미와 무당벌레가 서로 다투었다가 화해를 하는 내용을 담은 글입니다. 그러므로 중심인물은 개미와 무당벌레입니다.

2. 개미와 무당벌레가 다니는 학교는 '꼬물꼬물초등학교'라고 제일 첫줄에 적혀 있습니다.

3. 무당벌레는 개미의 기분이 나쁘도록 심술궂게 놀렸고 잘난 체를 하며 개미를 무시하였습니다. 하지만 숙제를 열심히 하지 않는다는 내용은 나와 있지 않습니다.

4. 개미는 자꾸만 놀리고 괴롭히는 무당벌레에 대하여 무척 화가 났습니다. 하지만 무당벌레가 아파서 학교에 오지 못하자 걱정되는 마음이 들었습니다.

5. 친구들은 무당벌레와 싸웠지만 용기를 내어 병문안을 간 개미에게 멋지다며 소리쳤습니다. 나에게 기분 나쁘게 하거나 다툰 적이 있는 친구이지만 먼저 용서하고 손을 내미는 것은 참 멋진 행동입니다.

6. 개미는 무당벌레에게 용기내어 문병을 갔고 무당벌레는 그런 개미의 손을 잡아주었습니다. 그러자 친구들의 축하를 받았고 이에 기분이 좋아진 친구는 무당벌레에게 '멋쟁이 내 친구'라고 말하였습니다.

7. 이 글을 통하여 친구를 놀리지 말고 사이좋게 지내야 한다는 것을 알 수 있습니다.

어법·어휘편 해설

[1, 2단계] 눈에 눈물이 그득 괴어 넘칠 듯한 모양을 '눈에 눈물이 그렁그렁 맺혔다'고 표현합니다. 작은 올챙이가 작고 느리게 헤엄치는 모습을 '꼬물꼬물'이라 표현합니다.

[3단계] '꾹'은 힘을 주어 누르거나 조이는 모양을 흉내낸 말입니다. '기우뚱', '댕강'은 모습이나 모양을 흉내낸 말입니다.

36회 | 본문 164쪽

1 개미
2 (1) ○　　(2) ○　　(3) ×　　(4) ○　　(5) ×
3 ①
4 종류, 알, 짝짓기, 병정, 알, 먹이
5 개미산, 몸 끝
6 ③
7 ②

어법·어휘편

[1단계]
(1) 역할 - ⊙ 자기가 마땅히 하여야 할 일
(2) 짝짓기 - ⓔ 동물의 암수가 짝을 이루는 일
(3) 침입 - ⓛ 함부로 쳐들어가거나 들어옴
(4) 강력하다 - ⓒ 힘이나 영향이 강하다

[2단계]
(1) 짝짓기　(2) 강력한　(3) 침입　(4) 역할

[3단계]
(1) 역할　　(2) 마찬가지

1. 이 글은 맡은 일에 따라 서로 다른 개미의 종류에 대해 설명한 글입니다.

2. 일개미는 강력한 독인 '개미산'이 있어서 자신보다 아주 커다란 두꺼비도 꼼짝 못하게 할 수 있습니다. 수개미의 날개는 짝짓기를 하기 위해 멀리 날아갈 때 사용합니다. 그러므로 (3)과 (5)는 틀린 설명입니다.

3. 여왕개미와 수개미는 날개를 이용해 멀리 날아가서 짝짓기를 합니다.

4. 개미는 다양한 종류가 있는데 여왕개미는 알을 낳고, 수개미는 여왕개미와 짝짓기를 하고, 병정개미는 침입을 막고, 일개미는 알을 돌보거나 먹이를 구해오는 역할을 합니다.

5. 일개미는 몸 끝에서 나오는 '개미산'으로 자신보다 훨씬 큰 동물도 꼼짝 못하게 할 수 있습니다.

6. 병정개미는 침입자와 싸우기 위해 강한 턱이 있습니다.

7. 짝짓기를 한 여왕개미는 날개가 떨어지므로 ②는 틀린 설명입니다.

어법·어휘편 해설

[1단계] (1)은 자기가 해야 할 일, (2)는 새끼를 낳기 위해 짝을 이루는 일, (3)은 함부로 쳐들어가는 일, (4)는 힘이 강하다는 뜻으로 쓰입니다.

[2단계] <보기>의 각 낱말을 차례대로 빈칸에 넣어 보고, 가장 어울리는 낱말을 찾아 씁니다.

[3단계] (1)의 '맡은 일'과 비슷한 뜻의 낱말은 '역할', (2)의 '똑같이'와 비슷한 뜻의 낱말은 '마찬가지'가 있습니다.

37회 본문 168쪽

1 마더 테레사
2 ②
3 ⑤
4 (다) → (라) → (마) → (나) → (가)
5 좌우명
6 ⑤
7 ④

어법·어휘편

[1단계]
(1) 우등생 - ㉠ 성적이 높은 학생
(2) 기부금 - ㉢ 어떤 일을 도우려 사람들이 스스로
  주는 돈
(3) 좌우명 - ㉡ 늘 옆에 두면서 교훈으로 삼는 말

[2단계]
(1) 규모 (2) 설립 (3) 봉사

[3단계]
(1) 강자/약자
(2) 유명/무명
(3) 한평생/한마디

1. 이 글은 마더 테레사의 업적을 정리한 전기문입니다.

2. 마더 테레사는 평생 동안 가난하고 어려운 약자를 도와주었습니다. 우등생은 마더 테레사가 도와준 사람이 아닙니다.

3. 마더 테레사는 버려진 아이들을 위한 고아원을 설립하였지만, 글에서 고아원의 이름은 나오지 않습니다.

4. 마더 테레사는 마케도니아에서 태어나(다), 수녀님이 된 후(라), 선생님으로 일합니다.(마) 사랑의 선교회를 세워(나) 어려운 사람들을 도와서 노벨평화상을 받았습니다.(가)

5. 늘 옆에 두면서 교훈으로 삼는 말을 '좌우명'이라고 합니다.

6. 전기문은 위인의 업적과 삶을 설명하여 그 사람을 기억하고 교훈을 얻기 위해 쓴 글입니다.

7. 마더 테레사는 어릴 적에 몸은 약했지만 우등생이라고 했으므로 ④는 틀린 설명입니다.

어법·어휘편 해설

[1단계] (1)은 성적이 높은 학생, (2)는 남에게 도움을 주기 위해 내는 돈, (3)은 늘 옆에 두고 교훈을 삼는 말을 뜻합니다.

[2단계] <보기>의 낱말에서 밑줄 친 낱말과 바꾸어 써도 뜻이 통하는 낱말을 찾아봅니다. 뜻이 비슷한 낱말은 서로 바꾸어 써도 문장에 잘 어울리는 낱말입니다.

[3단계] 힘이 강한 사람을 '강자', 힘없는 사람을 '약자'라고 합니다. 이름이 없는 사람을 '무명', 이름이 알려진 사람을 '유명'이라고 합니다. 살아 있는 동안을 '한평생', 짧은 말을 '한마디'라고 합니다.

38회 본문 172쪽

1 손, 내밀자
2 ⑤
3 ④
4 친구, 악수, 도움, 친구, 손
5 ①,⑤
6 ③
7 ②

어법·어휘편

[1단계]
(1) 방법 - ㉡ 어떤 일을 해 나가기 위한 수단
(2) 어색 - ㉢ 잘 모르는 사람과 있어서 자연스럽지
  못하게 느낌
(3) 우정 - ㉠ 친구끼리 서로 위하는 마음

[2단계]
(1) 방법 (2) 우정 (3) 어색

[3단계]
(1) ㉢ 악수를 하다. (2) ㉠ 도움을 주다.
(3) ㉡ 무엇을 달라고 하다.

1. 이 글은 '손을 내밀다'라는 말의 뜻을 통해 친구들에게 손을 먼저 내밀 줄 아는 사람이 되자는 주장을 쓴 글입니다.

2. 처음 만나는 친구에게 손을 내밀며 건네는 인사를 '악수'라고 합니다.

3. 도움이 필요한 사람은 어려움에 처한 사람을 나타냅니다.

4. 친구들과 사이좋게 지내기 위해 먼저 손을 내밀어야 합니다. 첫째 방법은 손을 내밀어 악수하는 일이고, 둘째 방법은 도움이 필요한 친구에게 손을 내미는 것입니다. 친구들에게 손을 내밀면 우정을 쌓을 수 있습니다.

5. 친구에게 먼저 손을 내밀면 우정을 쌓을 수 있고, 사랑 받는 멋진 사람이 될 수 있습니다.

6. 자신의 주장을 나타낸 글의 제목은 '부모님 말씀을 잘 들어야 합니다.'입니다.

7. ㉡은 도움이 필요한 친구를 도와주어야 한다는 뜻입니다.

어법·어휘편 해설

[1단계] (1)은 어떤 일을 하기 위한 수단, (2)는 잘 모르는 사람과 있어서 자연스럽지 못한 느낌, (3)은 친구끼리 서로 위하는 마음을 뜻합니다.

[2단계] <보기>의 낱말을 빈칸에 넣어서 읽어 보고, 가장 잘 어울리는 낱말을 씁니다.

[3단계] (1)은 손을 잡아 악수를 했다는 뜻, (2)는 넘어진 친구에게 도움을 주었다는 뜻, (3)은 도움을 받기 위해 요청을 했다는 뜻으로 쓰였습니다.

39회 본문 176쪽

1 피노키오, 할아버지, 요정, 귀뚜라미
2 집
3 ①
4 ⑤
5 막
6 ③
7 ⑤

어법·어휘편

[1단계]
(1) 허겁지겁 - ⓒ 조급한 마음으로 몹시 허둥거리는 모양
(2) 시름시름 - ㄱ 병을 앓아 아픈 모양

[2단계]
(1) 시름시름 (2) 허겁지겁

[3단계]
˅ , ˅ , ˅ , ˅ , ˅ , ˅

---

1. 극본(연극 대본)에는 첫 부분에 등장인물이 누구인지 나타나 있습니다.

2. 지문이 시작할 때 '허름한 할아버지의 집'이라고 장소가 나옵니다.

3. 피노키오는 할아버지를 구하려고 노력 한 것으로 보아 용감한 성격임을 짐작할 수 있습니다.

4. '할아버지는 피노키오 앞에서 엎드려 우느라 요정을 보지 못한다'고 나와있습니다.

5. 연극에서는 무대의 장면이 바뀌는 것을 막으로 구분합니다.

6. (가)는 할아버지가 피노키오를 보고 깜짝 놀라는 장면입니다.

7. 할아버지는 아팠기 때문에 ⑤는 틀린 설명입니다.

어법·어휘편 해설

[1단계] '허겁지겁'은 급한 마음에 몹시 서두르는 모습을 나타낸 말이고, '시름시름'은 병에 걸려 앓는 모습을 나타낸 말입니다.

[2단계] <보기>의 낱말을 빈칸에 넣어서 읽어 보고, 가장 잘 어울리는 낱말을 씁니다.

[3단계] 쉼표 뒤에는 문장이 끝나지 않았으므로 쐐기표를 넣어 조금 쉬어 읽고, 마침표, 느낌표, 물음표 등은 문장이 끝나는 부분이므로 겹쐐기표를 넣어 조금 더 쉬어 읽습니다.

40회 본문 180쪽

1 까마귀
2 감나무, 집
3 금
4 ⑤
5 ②
6 ④
7 ⑤

어법·어휘편

[1단계]
(1) 끼니 - ⓒ 아침, 점심, 저녁과 같이 날마다 …
(2) 사방 - ㄱ 앞, 뒤, 왼쪽, 오른쪽을 통틀어 …
(3) 덕분 - ⓛ 베풀어 준 은혜나 도움

[2단계]
(1) 사방 (2) 끼니 (3) 덕분

[3단계]
(1) 귀한 (2) 벌어졌습니다. (3) 행복하게

---

1. 이 이야기에 나오는 동물은 까마귀입니다.

2. 이야기 첫 부분에 선비는 아버지에게 감나무와 집을 물려받았다고 나와 있습니다.

3. 까마귀는 선비에게 '금'을 담을 수 있는 주머니를 만들어두라고 말했습니다.

4. 임금 까마귀는 선비를 태우고 금이 있는 산에 데리고 가 주었습니다. 나머지는 모두 이야기의 내용과 다릅니다.

5. 선비는 까마귀들이 감을 모두 먹자, 앞으로 어떻게 먹을 것을 구할지 '걱정' 했습니다. 하지만 임금 까마귀가 금이 있는 곳으로 데려다준 후 금을 원하는 만큼 가져가도 된다고 말하자, '기뻐'했습니다.

6. 선비가 주머니에 구멍을 내는 실수를 했다는 내용은 나오지 않습니다.

7. [보기]에 따르면 욕심을 부리는 사람은 벌을 받게 됩니다. 따라서 벌을 받게 되는 ⑤번이 가장 적절합니다.

어법·어휘편 해설

[1, 2단계] '끼니'는 '아침, 점심, 저녁과 같이 날마다 일정한 시간에 먹는 밥', '사방'은 '앞, 뒤, 왼쪽, 오른쪽을 통틀어 이르는 말', '덕분'은 '베풀어준 은혜나 도움'이라는 뜻을 갖고 있습니다.

[3단계] '귀한', '벌어졌습니다', '행복하게'가 올바른 표현입니다.

유형별 분석표 독서(비문학)

유형별 분석표 사용법

• 회차를 마칠 때마다 해당 회차의 틀린 문제 번호에 표시를 해주세요.

• 회차가 진행될수록 학생이 어떤 유형의 문제를 어려워하는지 한눈에 알 수 있습니다.

• 뒷면에 있는 [유형별 해설]을 보고 부족한 부분을 채워나가게 지도해 주세요.

주	회차	중심생각	세부내용	구조알기	어휘·표현	내용적용	추론
1	1	1.□ 2.□	3.□ 4.□	5.□		6.□	7.□
1	2	1.□ 2.□	3.□ 4.□	5.□	6.□		7.□
1	3		1.□ 2.□ 3.□	5.□	4.□	6.□	7.□
2	6	1.□ 2.□	3.□4.□		5.□		6.□ 7.□
2	7	1.□ 2.□	3.□ 4.□	5.□		6.□	7.□
2	8	2.□	1.□ 3.□	6.□	4.□	5.□	7.□
3	11	2.□	1.□ 3.□	5.□	4.□	6.□	7.□
3	12	1.□ 2.□	3.□	4.□	5.□	6.□	7.□
3	13	1.□	2.□ 3.□	4.□	5.□	6.□	7.□
4	16	1.□	2.□ 3.□	4.□	5.□	6.□	7.□
4	17	1.□	2.□ 3.□	5.□	4.□	6.□	7.□
4	18	2.□ 3.□	1.□ 4.□		5.□	6.□	7.□
5	21	1.□	2.□ 3.□ 4.□	5.□		6.□	7.□
5	22	1.□	2.□ 3.□ 5.□	4.□		6.□	7.□
5	23	1.□ 2.□	4.□	5.□		6.□	3.□ 7.□
6	26	1.□ 3.□	5.□	7.□	4.□	6.□	2.□
6	27	1.□ 2.□	3.□	4.□	5.□	6.□	7.□
6	28	1.□	2.□ 3.□	5.□	4.□	6.□	7.□
7	31	1.□	2.□ 3.□	4.□	5.□ 6.□		7.□
7	32	1.□	3.□ 4.□	6.□	5.□	7.□	2.□
7	33	1.□	2.□ 3.□	4.□	5.□	6.□	7.□
8	36	1.□	2.□ 3.□	4.□		5.□	6.□ 7.□
8	37	1.□	2.□ 3.□	4.□	5.□	7.□	6.□
8	38	1.□	2.□	4.□	3.□	5.□	6.□ 7.□

유형별 분석표 문학

유형별 분석표 사용법

- 회차가 마칠 때마다 해당 회차의 틀린 문제 번호에 표시를 해주세요.
- 회차가 진행될수록 학생이 어떤 유형의 문제를 어려워하는지 한눈에 알 수 있습니다.
- 뒷면에 있는 [유형별 해설]을 보고 부족한 부분을 채워나가게 지도해 주세요.

주	회차	중심생각	요소	세부내용	어휘·표현	작품이해	추론·적용
1	4	1.□		2.□ 3.□	4.□	5.□ 6.□	7.□
	5	1.□	2.□ 3.□	4.□ 5.□	6.□	7.□	
2	9	1.□	2.□	3.□	4.□	5.□ 6.□	7.□
	10	1.□	2.□	3.□	4.□ 6.□	5.□	7.□
3	14	1.□ 2.□	3.□	4.□ 5.□		6.□	7.□
	15	2.□	1.□	3.□	4.□	6.□	5.□ 7.□
4	19	1.□		2.□ 5.□	4.□	3.□ 7.□	6.□
	20	2.□	1.□	3.□ 4.□	5.□	6.□	7.□
5	24	1.□	2.□	3.□	4.□ 6.□	5.□	7.□
	25	1.□	2.□ 3.□			4.□ 5.□	6.□ 7.□
6	29	1.□	2.□	3.□	4.□	5.□ 6.□	7.□
	30		1.□ 2.□	4.□ 6.□	3.□	7.□	5.□
7	34	1.□		2.□ 7.□	3.□ 4.□	6.□	5.□
	35	1.□	2.□	4.□	6.□	3.□ 7.□	5.□
8	39		1.□ 2.□ 3.□	4.□	5.□	6.□	7.□
	40	1.□	2.□	3.□ 4.□ 5.□		6.□	7.□

유형별 길잡이 독서(비문학)

중심생각	비문학 지문에서는 대체로 중심생각을 직접 드러냅니다. 글의 맨 처음 또는 맨 마지막에 나오는 경우가 많습니다. 중심 생각을 찾는 것은 글을 읽는 이유이자 독해의 기본입니다. 만약 학생이 중심생각을 잘 찾아내지 못한다면 글을 읽는 데에 온전히 집중하지 못하고 있을 가능성이 높습니다. 이 글이 어떤 이야기를 하는지 관심을 기울여서 읽도록 지도해야 합니다.
세부내용	중심생각을 찾기 위해서는 글을 능동적으로 읽어야 한다면 세부내용을 찾기 위해서는 글을 수동적으로 읽어야 합니다. 학생이 주관에만 매여 글을 읽게 하지 마시고, 글에서 주어진 내용을 그대로 읽도록 해야 합니다. 문제를 먼저 읽고 찾아야 할 내용을 숙지한 다음 지문을 읽는 것도 세부내용을 잘 찾는 방법 중 하나입니다.
구조알기	글의 구조를 묻는 문제는 독해 문제를 처음 접하는 학생들이 특히 어려워하는 문제 유형입니다. 평소 글을 읽을 때, 글 전체의 중심내용뿐 아니라 단락마다 중심내용을 찾는 습관을 기르면 구조를 묻는 문제의 답을 잘 찾을 수 있습니다. 또한 글 전체가 어떤 흐름으로 전개되고 있는지 관심을 갖고 글을 읽으면 글의 구조를 파악하는 데 도움이 될 것입니다.
어휘·표현	글을 읽을 때, 문장 하나, 그리고 낱말 하나도 모르는 것 없이 꼼꼼히 읽는 버릇을 들이는 것이 중요합니다. 학생이 모르는 어려운 낱말을 찾는 문제는 글 속에서 그 낱말을 따로 설명하는 부분을 찾는 요령만 있으면 의외로 쉽게 맞힐 수 있습니다.
내용적용	내용 적용 문제는 무엇보다 문제가 요구하는 바를 정확히 읽어내는 것이 중요합니다. 또한 비슷비슷한 선택지에서 가장 가까운 표현을 찾아낼 줄도 알아야 합니다. 이를 위해서는 정확한 답이 보이지 않을 때, 선택지끼리 비교하는 연습을 평소에 하면 도움이 될 수 있습니다.
추론	추론 문제 또한 내용 적용 문제처럼 무엇보다 문제가 요구하는 바를 정확히 읽어낼 줄 알아야 합니다. 추론 문제는 그 주제에 대해 잘 알고 있으면 푸는 데 아주 도움이 됩니다. 따라서 평소 배경지식을 많이 쌓아두면 추론 문제에 쉽게 접근할 수 있을 것입니다.

유형별 길잡이 문학

중심생각	문학 문제는 중심생각뿐 아니라 모든 유형의 문제를 풀 때, 글쓴이의 생각이 무엇인지 계속 궁금해하면서 읽어야 합니다. 독해 문제를 풀 때뿐 아니라 다른 문학 작품을 읽을 때, 학생이 끊임없이 주제와 제목에 대해 호기심을 갖는다면 보다 쉽게 작품을 파악할 수 있을 것입니다.
요소	작품의 요소를 파악하는 문제는 그리 어려운 유형의 문제는 아닙니다. 작품 자체에 드러난 인물과 사건, 배경, 정서 등을 묻는 문제입니다. 만약 요소 유형의 문제를 학생이 많이 틀린다면 작품을 꼼꼼히 읽지 않기 때문입니다. 글을 꼼꼼히 읽는 습관을 들이도록 해야 합니다.
세부내용	비문학에서 세부내용을 찾는 문제는 사실이나 개념, 또는 정의에 대한 것을 묻지만 문학 지문에서는 사건의 내용, 일어난 사실 간의 관계, 눈에 보이는 인물의 행동에 대해 묻습니다. 때문에 작품이 그리고 있는 상황을 정확히 머릿속에 그리고 있다면 세부내용 또한 찾기 수월할 것입니다.
어휘·표현	문학에서 어휘와 표현을 묻는 문제는 인물의 심경을 담은 낱말을 글 속에서 찾거나, 아니면 그에 적절한 어휘를 고르는 문제가 대부분입니다. 성격이나 마음의 상태를 표현하는 어휘를 많이 알고 있으면 이 유형의 문제를 푸는 데 유리합니다. 이와 관련된 기본적인 어휘는 미리 공부해둘 필요도 있습니다. 비슷한 말과 반대되는 말을 많이 공부해두는 것도 큰 도움이 됩니다.
작품이해	작품이해 유형 문제는 학교 단원평가에서도 자주 출제되는 문제입니다. 작품을 미리 알고 그 주제와 내용을 이해하고 있다면 보다 쉽게 풀 수 있는 문제이지만, 처음 보는 작품을 읽고 풀면 쉽지 않을 수 있습니다. 이런 경우, 전에 읽었던 작품들 중 유사한 주제를 담고 있는 작품을 떠올리는 것이 문제 접근에 도움이 될 수 있습니다.
추론·적용	문학의 추론 문제에서는 〈보기〉를 제시하고 〈보기〉의 내용과 지문의 유사점 등을 찾아내는 문제가 많습니다. 이런 문제를 풀기 위해서는 지문의 주제나 내용을 하나로 정리할 줄 알아야 하고, 또한 문제 속 〈보기〉의 주제를 단순하게 정리하여 서로 비교할 줄 알아야 합니다. 무엇보다 문제 출제의 의도를 파악하는 것이 중요합니다.

뿌리깊은 국어 독해 시리즈

뿌리깊은 초등국어 독해력	뿌리깊은 초등국어 독해력 어휘편	뿌리깊은 초등국어 독해력 한자	뿌리깊은 초등국어 독해력 한국사
하루 15분으로 국어 독해력의 기틀을 다지는 초등국어 독해 기본 교재	국어 독해로 초등국어에서 반드시 익혀야 할 속담·관용어·한자성어를 공부하는 어휘력 교재	하루 10분으로 한자 급수 시험을 준비하고 초등국어 독해력에 필요한 어휘력의 기초를 세우는 교재	하루 15분의 국어 독해 공부로 초등 한국사의 기틀을 다지는 새로운 방식의 한국사 교재
• 각 단계 40회 구성 • 매회 어법·어휘편 수록 • 독해에 도움 되는 읽을거리 8회 • 배경지식 더하기·유형별 분석표 • 지문듣기 음성 서비스 제공 (시작~3단계)	• 각 단계 40회 구성 • 매회 어법·어휘편 수록 • 초등 어휘력에 도움 되는 주말부록 8회 • 지문듣기 음성 서비스 제공 (1~3단계)	• 각 단계 50회 구성 • 수록된 한자를 활용한 교과 단어 • 한자 획순 따라 쓰기 수록 • 한자 복습에 도움이 되는 다양한 주간활동	• 각 단계 40회 구성 • 매회 어법·어휘편 수록 • 한국사능력검정시험 대비 정리 노트 8회 • 지문듣기 음성 서비스 제공 • 한국사 연표와 암기 카드

시작단계 · 예비 초등

독해력 시작단계
- 한글 읽기를 할 수 있는 어린이를 위한 국어 독해 교재
- 예비 초등학생이 읽기에 알맞은 동요, 동시, 동화 및 짧은 지식 글 수록

1단계 · 초등 1·2학년

독해력 1단계
- 처음 초등국어 독해 공부를 시작하는 학생을 위한 재밌고 다양한 지문 수록

어휘편 1단계
- 어휘의 뜻과 쓰임을 쉽게 공부할 수 있는 이솝 우화와 전래 동화 수록
- 맞춤법 공부를 위한 받아쓰기 수록

한자 1단계
- 한자능력검정시험 (한국어문회) 8급 한자 50개

한국사 1단계 (선사 시대~삼국 시대)
- 한국사를 쉽고 재미있게 이해할 수 있는 다양한 유형의 지문 수록
- 당시 시대를 보여 주는 문학 작품 수록

2단계 · 초등 1·2학년

독해력 2단계
- 교과 과정과 연계한 다양한 유형의 지문 수록
- 교과서 수록 작품 중심으로 선정한 지문 수록

어휘편 2단계
- 어휘의 쓰임과 예문을 효과적으로 공부할 수 있는 다양한 이야기 수록
- 맞춤법 공부를 위한 받아쓰기 수록

한자 2단계
- 한자능력검정시험 (한국어문회) 7급 2 한자 50개

한국사 2단계 (남북국 시대)
- 한국사능력시험 문제 유형 수록
- 초등 교과 어휘를 공부할 수 있는 어법·어휘편 수록

3단계 · 초등 3·4학년

독해력 3단계
- 초대장부터 안내문까지 다양한 유형의 지문 수록
- 교과서 중심으로 엄선한 시와 소설 수록

어휘편 3단계
- 어휘의 뜻과 쓰임을 다양하게 알아볼 수 있는 여러 가지 종류의 글 수록
- 어휘와 역사를 한 번에 공부할 수 있는 지문 수록

한자 3단계
- 한자능력검정시험 (한국어문회) 7급 한자 50개

한국사 3단계 (고려 시대)
- 신문 기사, TV드라마 줄거리, 광고 등 한국사 내용을 바탕으로 한 다양한 유형의 지문 수록

4단계 · 초등 3·4학년

독해력 4단계
- 교과 과정과 연계한 다양한 유형의 지문 수록
- 독해에 도움 되는 한자어 수록

어휘편 4단계
- 공부하고자 하는 어휘가 쓰인 실제 문학 작품 수록
- 이야기부터 설명문까지 다양한 종류의 글 수록

한자 4단계
- 한자능력검정시험 (한국어문회) 6급 한자를 세 권 분량으로 나눈 첫 번째 단계 50개 한자 수록

한국사 4단계 (조선 전기)(~임진왜란)
- 교과서 내용뿐 아니라 조선 전기의 한국사를 이해하는 데 알아 두면 좋은 다양한 역사 이야기 수록

5단계 · 초등 5·6학년

독해력 5단계
- 깊이와 시사성을 갖춘 지문 추가 수록
- 초등학생이 읽을 만한 인문 고전 작품 수록

어휘편 5단계
- 어휘의 다양한 쓰임새를 공부할 수 있는 다양한 소재의 글 수록
- 교과 과정과 연계된 내용 수록

한자 5단계
- 한자능력검정시험 (한국어문회) 6급 한자를 세 권 분량으로 나눈 두 번째 단계 50개 한자 수록

한국사 5단계 (조선 후기)(~강화도 조약)
- 한국사능력시험 문제 유형 수록
- 당시 시대를 보여 주는 문학 작품 수록

6단계 · 초등 5·6학년

독해력 6단계
- 조금 더 심화된 내용의 지문 수록
- 수능에 출제된 작품 수록

어휘편 6단계
- 공부하고자 하는 어휘가 실제로 쓰인 문학 작품 수록
- 소설에서 시조까지 다양한 장르의 글 수록

한자 6단계
- 한자능력검정시험 (한국어문회) 6급 한자를 세 권 분량으로 나눈 세 번째 단계 50개 한자 수록

한국사 6단계 (대한 제국~대한민국)
- 한국사를 쉽고 재미있게 이해할 수 있는 다양한 유형의 지문 수록
- 초등 교과 어휘를 공부할 수 있는 어법·어휘편 수록

중학 · 예비 중학~예비 고1

1단계 (예비 중학~중1)

2단계 (중2~중3)

3단계 (중3~예비 고1)

뿌리깊은 중학국어 독해력
- 각 단계 30회 구성
- 독서 + 문학 + 어휘 학습을 한 권으로 완성
- 최신 경향을 반영한 수능 신유형 문제 수록
- 교과서 안팎의 다양한 글감 수록
- 수능 문학 갈래를 총망라한 다양한 작품 수록

※ 단계별로 권장 학년이 있지만 학생에 따라 느끼는 난이도는 다를 수 있습니다. 학생의 독해 실력에 맞는 단계를 공부하는 것이 좋습니다.
※ <뿌리깊은 초등국어 한자>는 해당 학년을 참고하시기보다는 학생의 실력에 맞는 단계를 선택해 주세요. ※ <뿌리깊은 초등국어 독해력 한국사>의 단계는 독해력 난이도가 아닌 시대 순서를 바탕으로 구성되었습니다.

뿌리 깊은 나무는 바람에 움직이지 않아
꽃이 좋고 열매도 열립니다.

– 〈용비어천가〉 제2장 –

〈뿌리깊은 초등국어 독해력〉은 국어 독해를 처음 시작하는 초등학생이 뿌리 깊은 나무와 같은
국어 독해력의 기틀을 다질 수 있도록 도움을 주는 교재입니다.
또한 국어 성적뿐만 아니라 다른 과목의 성적에서도 좋은 결실을 거둘 것입니다.
국어 독해는 모든 공부의 시작입니다.

뿌리깊은 초등국어 독해력 시리즈

시 작 단 계	→	1 단 계	→	2 단 계	→	3 단 계	→	4 단 계	→	5 단 계	→	6 단 계
예비 초등(7세)~ 초등1학년		초등 1~2학년		초등 1~2학년		초등 3~4학년		초등 3~4학년		초등 5~6학년		초등 5~6학년

1. 체계적인 독해력 학습 〈뿌리깊은 초등국어 독해력〉은 모두 6단계로 이루어져 있습니다. 초등학생의 학년과 수준에 바탕을 두어 단계를 나누었습니다. 또한 일주일에 다섯 종류의 글을 공부할 수 있도록 묶었습니다. 이 책으로 초등국어 독해 공부를 짜임새 있게 할 수 있습니다.

2. 넓고 다양한 배경지식 국어 독해력은 무엇보다 배경지식입니다. 배경지식을 갖고 읽는 글과 아닌 글에 대한 독해력은 그야말로 하늘과 땅 차이입니다. 이 책은 그러한 배경지식을 쌓기 위해 초등학생 수준에 맞는 다양한 소재와 장르의 글을 지문으로 실었습니다.

3. 초등 어휘와 어법 완성 영어를 처음 공부할 때, 학생들이 가장 어려워하는 부분이 바로 어휘와 문법입니다. 국어도 다르지 않습니다. 특히 초등국어 독해에서 어휘와 어법이 제대로 잡혀있지 않으면 글을 읽는 것 자체를 힘겨워 합니다. 때문에 이 책에서는 어법·어휘만을 따로 복습할 수 있는 장을 두었습니다.

4. 자기주도 학습 이 책은 학생 스스로 계획을 세우고 자신의 학습 결과를 평가할 수 있도록 꾸며져 있습니다. 학습결과를 재밌게 기록할 수 있는 학습평가 붙임딱지가 들어있습니다. 또한 공부한 날이 쌓여갈수록 학생 독해력의 어떤 점이 부족한지 알게 해주는 '문제 유형별 분석표'도 들어있습니다.

5. 통합교과 사고력 국어 독해는 모든 학습의 시작입니다. 국어 독해력은 국어뿐만 아니라 다른 모든 과목의 교과서를 읽는 데도 필요한 능력입니다. 이 책은 국어 시험에서 나올 법한 유형의 문제뿐 아니라 다른 과목시험에서 나올만한 내용이나 문제도 실었습니다.

6. 독해력 기본 완성 이 책은 하나의 글을 읽어나가는 데 꼭 짚어줘야 할 점들을 각각의 문제로 구성했습니다. 1번부터 7번까지 짜임새 있게 이루어진 문제들을 풀다보면 글의 내용을 빠짐없이 독해하도록 각 회차를 구성했습니다.

MOTHERTONGUE
마더텅출판사
since 1999.4.1.

유리창은 ⬜⬜ 해서 안이 잘 보인다.

(실마리) 속까지 환히 보일 만큼 맑은

3칸

알에서 갓 ⬜⬜ 한 병아리가 참 귀엽다.

(실마리) 알에서 새끼가 밖으로 나오는 것

3칸

추석은 ⬜⬜ 8월 15일입니다.

(실마리) 달을 이용하여 계산하는 날짜

5칸

냄새를 잘 맡기 위해 강아지가 자꾸 콧구멍을 ⬜⬜⬜⬜ 움직인다.

(실마리) 물체가 넓고 부드럽게 벌어졌다 오므려졌다 하는 모양

10칸

쓰레기는 종류별로 잘 ⬜⬜ 해서 버려줘.

(실마리) 종류에 따라 나눔

5칸

산불을 ⬜⬜ 하기 위해서는 어떻게 해야 할까요?

(실마리) 병이나 사고 같은 것이 나지 않게 미리 막는 것

5칸

버려진 동물들을 ⬜⬜ 하는 시설이 필요합니다.

(실마리) 잘 지켜 원래대로 있게 함

5칸

다음에는 더 열심히 해야겠다고 ⬜⬜ 했어요.

(실마리) 틀림없음을 단단히 강조하고 확인함

5칸

그는 모든 일에 서둘지 않고 ⬜⬜ 해서 실수를 잘 하지 않는다.

(실마리) 어떤 일을 할 때 서두르지 않고 꼼꼼함

7칸

이 분은 내가 가장 ⬜⬜ 하는 선생님이셔.

(실마리) 어떤 사람을 우러르고 받드는 것

5칸

친구를 ⬜⬜ 하는 사람이야말로 훌륭한 사람이다.

(실마리) 도와주거나 보살펴 주려고 마음을 씀

7칸

지연이는 집으로 발걸음을 ⬜⬜ 했다.

(실마리) 어떤 일을 빨리 하도록 함

10칸

모두가 ⬜⬜ 한 세상에서 살고 싶어요.

(실마리) 모든 사람을 똑같다고 생각하는 것

6칸

요즘은 인터넷을 통해 많은 ⬜⬜ 를 얻을 수 있습니다.

(실마리) 어떤 것들에 관한 소식이나 자료

6칸

오늘은 ⬜⬜ 학습이 있는 날입니다.

(실마리) 자기가 직접 겪음

7칸

옛날에 왕은 그 나라의 ⬜⬜⬜⬜ 였습니다.

(실마리) 어떤 무리에서 으뜸

10칸

친구야, 우리 ⬜⬜ 변치 말자.

(실마리) 친구끼리 서로 위하는 마음

5칸

부 화 孵 化 알깔 **부** 될 **화**	**투 명** 透 明 통할 **투** 밝을 **명**	
분 류 分 類 나눌 **분** 무리 **류**	**발름발름**	**음 력** 陰 曆 응달 **음** 책력 **력**
다 짐	**보 호** 保 護 지킬 **보** 보호할 **호**	**예 방** 豫 防 미리 **예** 둑 **방**
배 려 配 慮 아내 **배** 생각할 **려**	**존 경** 尊 敬 높을 **존** 공경할 **경**	**침 착** 沈 着 가라앉을 **침** 붙을 **착**
정 보 情 報 뜻 **정** 갚을 **보**	**평 등** 平 等 평평할 **평** 가지런할 **등**	**재 촉**
우 정 友 情 벗 **우** 뜻 **정**	**우두머리**	**체 험** 體 驗 몸 **체** 경험할 **험**

뿌리깊은 **초등국어 독해력** 스스로 붙임딱지

뿌리깊은 **초등국어 독해력** 나무 기르기 붙임딱지

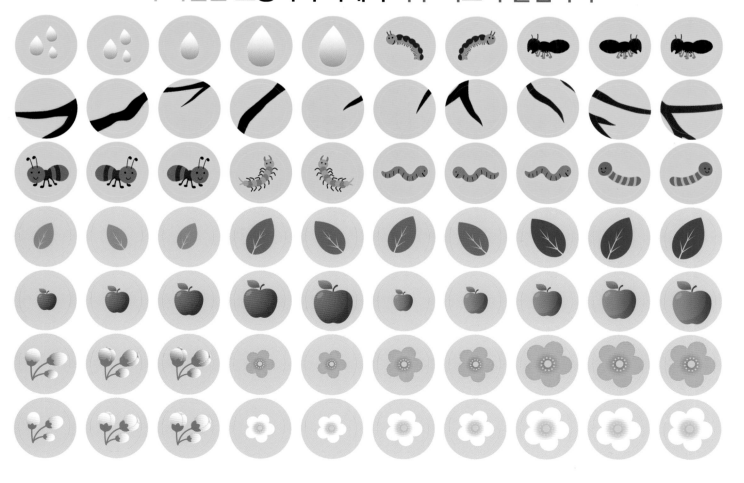